AS SEIS PERFEIÇÕES

AS SEIS PERFEIÇÕES
Como atingir o bem-estar supremo

Comentário de
GESHE SONAM RINCHEN

Traduzido do tibetano para o inglês
e organizado por
RUTH SONAM

Traduzido do inglês por
CHRISTINA WANGMO CARVALHO

Esta obra foi publicada originalmente em inglês com o título
THE SIX PERFECTIONS
por Snow Lion Publications Ithaca, Nova York
Copyright © 1998 Ruth Sonam
Copyright © 2009, Editora WMF Martins Fontes Ltda.,
São Paulo, para a presente edição.

Este livro não pode ser reproduzido no todo ou em parte,
por nenhum meio, sem autorização por escrito do Editor.

1ª edição 2009
2ª tiragem 2022

Tradução
CHRISTINA WANGMO CARVALHO

Acompanhamento editorial
Luzia Aparecida dos Santos
Preparação do original
Renato da Rocha Carlos
Revisões
Sandra Garcia Cortes
Marisa Rosa Teixeira
Produção gráfica
Geraldo Alves
Paginação
Studio 3 Desenvolvimento Editorial
Capa
Adriana Translatti

Dados Internacionais de Catalogação na Publicação (CIP)
(Câmara Brasileira do Livro, SP, Brasil)

Rinchen, Geshe Sonam
  As seis perfeições : como atingir o bem-estar supremo / comentários de Geshe Sonam Rinchen ; traduzido do tibetano para o inglês e organizado por Ruth Sonam ; traduzido do inglês por Christina Wangmo Carvalho. – São Paulo : Editora WMF Martins Fontes, 2009.

  Título original: The six perfections.
  ISBN 978-85-7827-131-2

  1. Paramistas (Budismo) 2. Perfeição – Aspectos religiosos – Budismo I. Sonam, Ruth. II. Título. III. Série.

09-02691   CDD-294.3444

Índices para catálogo sistemático:
1. Seis perfeições : Ensinamentos budistas :
Vida e prática religiosa   294.3444

Todos os direitos desta edição reservados à
Editora WMF Martins Fontes Ltda.
Rua Prof. Laerte Ramos de Carvalho, 133 01325-030 São Paulo SP Brasil
Tel. (11) 3293-8150 e-mail: info@wmfmartinsfontes.com.br
http://www.wmfmartinsfontes.com.br

ÍNDICE

Introdução   *1*

Capítulo 1 A generosidade   *7*
Capítulo 2 A disciplina ética   *25*
Capítulo 3 A paciência   *47*
Capítulo 4 O esforço entusiástico   *75*
Capítulo 5 A concentração   *99*
Capítulo 6 A sabedoria   *119*

Apêndice: O capítulo 18 do *Treatise on the Middle Way* [Tratado sobre o caminho do meio], de Nagarjuna   *167*
O texto tibetano   *177*

Notas   *183*

Homenagem

Em homenagem a madre Teresa (1910-1997) e aos homens e mulheres anônimos de coração nobre que, ao longo dos tempos, realizaram os maravilhosos feitos de Bodhisattvas.

> O fruto do silêncio é a oração.
> O fruto da oração é a fé.
> O fruto da fé é o amor.
> O fruto do amor é o servir.
> O fruto do servir é a paz.
> – Madre Teresa

Agradecimentos

Gostaria de agradecer à minha editora, Susan Kyser, sua assistência.

INTRODUÇÃO*

Sonhar em alcançar uma destinação não é suficiente – é preciso arrumar as malas e começar a viagem. Os Bodhisattvas, cuja intenção é atingir a iluminação para o benefício de todos os seres vivos, realizam tal intenção adotando certo estilo de vida. Todos os conselhos dados pelo Buda sobre esse estilo de vida e sobre as múltiplas atividades a que os Bodhisattvas se dedicam podem ser resumidos nas Seis Perfeições: a doação, a disciplina ética, a paciência,

---

* A abreviação "P" constante nas notas refere-se ao Tibetan Tripitaka [Tripitaka tibetano] (Tokyo-Kyotos: Tibetan Tripitaka Research Foundation, 1956). (N. da T.)

o esforço entusiástico, a concentração e a sabedoria. Estas abrangem todas as práticas necessárias para amadurecer completamente a si mesmo e aos outros.

Há quatro maneiras principais de amadurecer os outros, ou ajudá-los espiritualmente a amadurecer: a generosidade, que estabelece um relacionamento positivo com eles; debates interessantes sobre o que é realmente benéfico; o estímulo a que implementem o que compreenderam; e nossa ação de acordo. Como essas atividades estão inseridas nas práticas das Seis Perfeições, não precisam ser explicadas separadamente.

Em *Ornament for the Mahayana Sutras* [Ornamento para os sutras Mahayana][1], Maitreya explica por que há seis perfeições e mostra como elas abrangem todo o ensinamento do Buda sobre a conduta dos Bodhisattvas. O grande mestre tibetano Tsongkhapa cita esse trabalho de Maitreya em seu *Great Exposition of the Stages of the Path* [Grande exposição dos estágios do caminho][2], que servirá de base para esta explanação sobre as Seis Perfeições.

Maitreya afirma que, para realizar as práticas às quais se dedicam com o objetivo de atingir o bem-estar último – a saber, o corpo, as posses, o ambiente e os companheiros de um ser iluminado –, os Bodhisattvas precisam de bem-estar temporário. Isso depende de uma série ininterrupta de bons renascimentos, nos quais desfrutem condições excelentes para a prática espiritual contínua, tais como recursos abundantes, corpo e mente fortes e colegas praticantes que os apoiem. O *Precious Garland* [Guirlanda preciosa] de Nagarjuna[3] define bem-estar temporário, ou condição superior, como o corpo e a mente de seres humanos e celestiais e a felicidade que desfrutam. Para obter isso, precisa-se de confiança e disciplina ética.

Segundo os sutras, são requeridos muitos desses bons renascimentos para criar as duas grandes reservas, de mérito e de *insight*, necessárias ao estado de iluminação. Se os sutras e os tantras são praticados juntos, a iluminação pode ser atingida em uma única vida, por meio do desenvolvimento de uma sabedoria sublime que, simultânea e rapidamente, cria *insight* e mérito. A capacidade para fazer isso depende inteiramente do alto valor do praticante e está firmemente baseada nos três principais caminhos de *insight*: o desejo de se libertar da existência cíclica, a intenção altruística e uma correta compreensão da realidade.

A prática das Seis Perfeições assegura que ganharemos um corpo e uma mente excelentes e condições até mais favoráveis para a prática efetiva do que as que desfrutamos no presente. O Buda ensinou que a generosidade leva à fruição de recursos amplos. Já que a felicidade humana está intimamente ligada ao bem-estar material, a prática da generosidade é sempre explicada primeiro no contexto das Seis Perfeições, dos quatro modos de amadurecer os outros e no das três principais maneiras de criar energia positiva.

No entanto, a generosidade não pode nos proteger de um mau renascimento, em que é impossível fazer bom uso desses recursos. A disciplina ética, outra das principais maneiras de criar energia positiva, assegura um bom renascimento, enquanto a prática da paciência leva a uma aparência atraente e amigos e companheiros que nos apoiam. Cultivar o esforço entusiástico dota-nos da capacidade de completar o que empreendemos. Contudo, mesmo que desfrutemos essas circunstâncias conducentes, nossas ações não serão eficientes enquanto nossa mente estiver dispersa e distraída por emoções perturbadoras. Cultivar a concentração, terceira maneira de criar energia positiva, torna nossa mente invulnerável às distrações. A menos que também tenhamos a sabedoria para discriminar entre o que precisa ser cultivado e o que precisa ser descartado, consumiremos a reserva de energia positiva criada por ações benéficas prévias, sem compreender o que deve ser feito para criar nova energia positiva. Ao cultivar a sabedoria no presente, asseguramo-nos de que nunca nos faltará sabedoria no futuro.

Como praticantes do Grande Veículo, nosso desejo de possuir tal corpo e mente excelentes é primeiramente para o benefício dos outros, e as Seis Perfeições desempenham um papel essencial para proporcionar-lhes esse bem. Por meio da generosidade material, aliviamos sua pobreza e criamos uma relação construtiva com eles; mas, se ao mesmo tempo os ferirmos física ou verbalmente, nossa generosidade será de valor muito limitado. A coibição de tais ações envolve a disciplina ética, que não pode ser mantida se respondermos ao dano causado com o desejo de retaliação. A paciência então age como suporte vital para a prática da disciplina ética. Ao não retaliarmos, evitamos que o conflito se exacerbe e ajudamos nossos oponentes a não criar mais ações negativas. Nossa falta de espírito vingativo pode até persuadi-los e apresentar uma oportunidade para ajudá-los.

O esforço entusiástico é necessário para completar o que empreendemos para os outros, assim como são essen-

INTRODUÇÃO

ciais uma mente estável concentrada e uma clara compreensão do que é e do que não é construtivo. A realização da concentração elevada capacita-nos a agradar e ajudar os outros mediante feitos miraculosos. Tendo-os tornado receptivos por esses meios, a sabedoria é usada para dar-lhes conselhos excelentes, dissipando suas dúvidas e mostrando-lhes claramente como podem libertar-se da existência cíclica. Ao satisfazermos as necessidades dos outros por meio da prática das Seis Perfeições, tudo o que desejamos para nós mesmos será alcançado.

Cada perfeição é mais difícil de praticar e mais sutil que a perfeição anterior, a partir da qual se desenvolve. Se não formos apegados ao que possuímos e não procurarmos adquirir mais posses, estaremos numa boa posição para manter a disciplina ética. Ao praticar a não violência, se pudermos tolerar o sofrimento e suportar o mal causado por seres animados e inanimados, poderemos empreender qualquer tarefa sem nos sentir desencorajados. A energia resultante capacita-nos a aplicar esforço jovial em ações positivas de todos os tipos. Essas causas fazem surgir a acuidade de uma mente de permanência serena que pode ser usada para ganhar-se *insight* especial sobre a realidade.

Acostumar-nos a dar nos tornará menos apegados a coisas. Proteger-nos da negligência, por meio da disciplina ética, impedirá as formas mais grosseiras de obstinação. A capacidade de aceitar e suportar o sofrimento impede-nos de abandonar outros seres vivos. O entusiasmo infatigável é o modo de aumentar a virtude. A maleabilidade mental e física obtida mediante a concentração impede que as emoções perturbadoras se manifestem, enquanto a análise detalhada aumenta a sabedoria e, em última instância, elimina completamente as emoções perturbadoras e suas marcas. Em geral, a prática das três primeiras perfeições é particularmente direcionada para o benefício dos outros, enquanto a prática das duas últimas é importante para o desenvolvimento pessoal. Em ambos os casos, o esforço entusiástico é vital, pois a libertação da existência mundana e do estado de paz solitária é obtida por meio da sabedoria, que requer o desenvolvimento de concentração elevada – algo impossível sem a perseverança entusiástica.

As palavras tibetanas traduzidas como "perfeição"[4] significam "que foi além". Essas práticas são chamadas perfeições porque são mantidas por Bodhisattvas com a suprema intenção de atingir a iluminação para o benefício de todos os seres vivos. Uma perfeição supera outras práticas, da mesma forma que seres elevados superam seres comuns; o supremo supera o convencional, o nirvana supera a existência cíclica e a compreensão supera a nescidade.

A prática das perfeições por Bodhisattvas dá origem à iluminação completa, um estado além tanto da existência mundana quanto da paz pessoal, no qual generosidade, disciplina ética, paciência, esforço entusiástico, concentração e sabedoria foram aperfeiçoados. Assim, a causa é nomeada pelo resultado. A prática das perfeições leva-nos à outra margem, além do oceano da existência cíclica; a um estado em que foram completamente eliminados os dois tipos de obstruções: aquelas à liberação, formadas pelas atitudes e emoções perturbadoras, e aquelas que impedem o conhecimento total de todos os fenômenos.

Capítulo 1

A GENEROSIDADE

Generosidade é a disposição para dar, e sua prática consiste em dar de boa vontade corpo, posses ou energia positiva. Simplesmente superar a avareza – um aspecto do apego arraigado – não é suficiente. Os *Destruidores de Inimigos dos tipos Ouvidores e Realizadores Solitários*[5], que obtiveram a liberação da existência cíclica, eliminaram as emoções perturbadoras, mas não aperfeiçoaram a generosidade. Esse aperfeiçoamento não é medido, por exemplo, pela quantia de pobreza que a pessoa aliviou, mas por quão completa é sua disposição para dar. É claro, porém, que a generosidade se expressa na ação.

AS SEIS PERFEIÇÕES

Como se desenvolve e se aumenta a generosidade? O primeiro passo é pensar sobre as desvantagens do apego e sobre os grandes benefícios do dar. O Buda enfatizou a importância de superarmos o apego ao nosso corpo e à nossa vida:

> *Quando os seres vivos apegam-se*
> *A seus sempre-deteriorantes corpo e vida,*
> *Transitórios e fora de seu controle,*
> *Como sonhos e ilusões mágicas,*
> *Realizam atos extremamente prejudiciais.*
> *Sob a influência da confusão,*
> *Sua montaria demoníaca dispara com o insensato*
> *Para o mau estado dos infernos.*[6]

Ver o corpo como uma massa putrescente de substâncias impuras e reconhecer que nossa vida é instável, que nosso progresso em direção à morte é tão inexorável como uma torrente descendo montanha abaixo, diminui nosso apego a eles. Tanto nosso corpo como nossa vida são governados por outros fatores, na forma de ações compulsivas e emoções perturbadoras; eles não têm nenhuma existência independente, mas são enganosos como sonhos e criações mágicas. Por nosso apego a eles, realizamos muitas ações negativas e nossa montaria, a morte, dispara conosco para os maus renascimentos.

O eu parece ter existência verdadeira e independente, mas não tem. O corpo parece ser limpo e prazeroso, mas não é. Nossa força vital parece ser duradoura, mas não é nada confiável. Esses três são enganosos, e o tempo todo nosso apego a eles impede-nos de ser generosos. Agimos com mesquinhez por causa do firme agarramento que temos aos nossos corpos e propriedades. Ao superar o apego, livramo-nos de uma grande fonte de conflito.

O apego a moradias, lugares e países causa conflito. Não importa quanto nos apeguemos e tentemos resistir a mudanças, não podemos aferrar-nos a eles porque é de sua natureza ser instáveis. Nosso corpo, posses e moradias são ingratos, pois apesar de nossos esforços para mantê-los eles se desintegram automaticamente e precisam ser abandonados no final. Livrarmo-nos de nosso apego a eles é a melhor maneira de diminuir ansiedade e tensão e prolongar nossa vida. Uma vida curta é resultado do matar, que frequentemente é resultado de conflitos cuja raiz é o apego.

É melhor desapegarmo-nos agora, antes que a morte nos force. Ainda há tempo para extrair alguma essência do que possuímos, mediante seu uso para o bem dos outros. Embora ainda não estejamos prontos a sacrificar corpo e vida, podemos desenvolver maior disposição para separarmo-nos do que é nosso. Dê o possível agora e deseje intensamente tornar-se capaz de desapegar-se daquilo a que lhe é mais difícil renunciar.

Os Bodhisattvas praticam a generosidade e as outras perfeições com seis tipos de excelência: mantêm a motivação excelente de atingir a iluminação para o benefício de todos os seres vivos. Incorporam o máximo possível de características excelentes a seus atos de generosidade e, embora deem somente o que é apropriado em cada situação particular, cultivam a prontidão para dar tudo – corpo, posses e energia positiva. Praticam tantas formas de dar quanto possível, tais como dar não somente coisas materiais, mas também instrução e proteção, para aperfeiçoar sua generosidade e torná-la completa.

Seu objetivo excelente é trazer aos seres vivos felicidade temporária e felicidade suprema. Empregam o método habilidoso excelente de uma compreensão conceitual e uma não conceitual de que nada possui existência inerente. Fazem uma dedicação primorosa para o benefício de todos os seres vivos e praticam a purificação excelente, na qual tudo o que fazem é com a intenção de eliminar obstruções formadas pelas emoções perturbadoras que impedem a liberação, assim como obstruções que impedem o conhecimento de todos os fenômenos. Mesmo que ainda não sejamos Bodhisattvas, podemos imitá-los.

A prática de qualquer perfeição incorpora as outras cinco. A generosidade sozinha não nos protegerá dos maus renascimentos resultantes de ações negativas. Por exemplo, embora demos quando solicitados, poderemos sentir-nos inclinados a falar com dureza se o recebedor mostrar insatisfação com o que foi dado, pedir mais ou tentar devolver o presente. Precisamos de paciência quando confrontados com esse tipo de reação ingrata ou provocativa, senão a raiva destruirá a virtude que criamos.

Não adie preguiçosamente uma ação generosa, mas aproveite com entusiasmo cada oportunidade que se apresenta. Apreciando os benefícios do dar e as desvantagens da avareza, concentre-se integralmente na ação generosa que está realizando. Sua prática de generosidade deve ser sábia: é essencial ter uma compreensão clara do que é apropriado dar, para quem e em quais circunstâncias. Lembre-se também de que o doador, o presente e o recebedor são interdependentes e não têm existência intrínseca. Mesmo dar um pouco de comida, lembrando esses princípios, torna-se uma prática excelente.

Embora os leigos possam achar mais fácil dar proteção e ajuda material, enquanto, em geral, é mais fácil para os ordenados dar instrução espiritual, isso não impede que leigos possam dar tais conselhos. É um erro que os ordenados desistam de ensinar e, em vez disso, tentem adquirir bens materiais e amenidades para os outros, já que muitas ações contrárias ao código de disciplina dos ordenados podem ser criadas no processo. As principais tarefas de um ordenado são estudar, ouvir e pensar sobre os ensinamentos, meditar e praticar a concentração a fim de superar o que deve ser eliminado, e trabalhar para a comunidade espiritual. Os ordenados deveriam se dedicar a pelo menos uma dessas atividades. Por outro lado, se um ordenado tem amplos recursos, é um erro não usá-los para ajudar os outros. Se quisermos realmente dar, daremos o que pudermos; possuir muito é inútil se nossas mãos estão atadas pela mesquinhez.

Em seu *Compendium of Training* [Compêndio de treinamento], Shantideva[7] menciona quatro fatores adicionais que se aplicam à prática de todas as perfeições. O primeiro deles, dar, refere-se à disposição de, por exemplo, dar seu corpo ou energia física. O segundo, proteção, envolve não sacrificar seu corpo até que o momento de dá-lo tenha realmente chegado. Só se deve dar o corpo quando se pode dá-lo tão facilmente quanto se daria uma verdura a alguém. Quando as verduras são escassas, como, por exemplo, durante a época de monção na Índia, pode-se relutar em separar-se até delas!

O terceiro fator é manter nossa ação generosa pura da presença poluidora das emoções perturbadoras. O fator final é assegurar o aumento. Isso pode ser entendido da seguinte forma: ao usar bem e generosamente corpo e mente presentes, asseguramos futuros renascimentos bons, em que desfrutaremos longa vida, aparência atraente, boa posição, riqueza, poder, credibilidade e um corpo e mente fortes.

Os mesmos quatro fatores se aplicam ao dar as posses, que não deviam ser esbanjadas, mas salvaguardadas até termos oportunidade de dá-las àqueles com grandes qualidades, àqueles que nos ajudaram e foram bons para nós, ou aos que estão sofrendo e em necessidade. A pureza, nesse contexto, significa que o que é dado não deve ter sido adquirido por meios escusos, tais como engano ou extorsão. O aumento ocorre porque quanto mais dermos mais recursos virão em nossa direção.

Dê a virtude que você criou dedicando-a à felicidade dos outros. Como a raiva destrói a virtude, proteja-a praticando a paciência e mantenha-a pura, assegurando-se de que nem o interesse próprio nem a preocupação com o bem-estar nesta vida adulterem-na. Aumente a virtude alegrando-se com o bem que você fez.

A generosidade é universalmente louvada em todas as tradições espirituais. Abordá-la de determinadas maneiras enriquece sua prática e torna-a mais profunda, ao passo que certos pensamentos e atitudes a solapam. A adesão a ideologias aberrantes pode levar uma pessoa a acreditar que a prática de qualquer das três formas de generosidade é infrutífera, ou que infligir mal, por exemplo, por meio do sacrifício ritual de sangue é oferenda apropriada para os deuses. A pessoa pode dar acreditando que isso lhe trará boa sorte ou a libertará do apego; ou pode ainda considerar apropriado dar proteção a um único ser, em detrimento de muitos outros.

Dê sem humilhar o recebedor de sua generosidade, sem condescendência, competitividade ou orgulho de dar mais prodigamente que outros, ou de conceder proteção mais efetiva. A vaidade da pessoa em pensar, por exemplo, que dá melhores ensinamentos, que usa linguagem mais eloquente para comunicá-los ou tem um domínio mais profundo de seu significado estraga a generosidade, assim como pensamentos sobre a grandeza ou fama que ela espera atingir. Demonstrar desdém para com os avarentos quando se é generoso pode enraivecê-los e levá-los a um mau renascimento.

Dê com alegria e sem desânimo perante o pensamento de dar até tão liberalmente quanto um Bodhisattva. Evite os sentimentos de incompetência e arrependimento após ter sido generoso. Às vezes, as pessoas dão prodigamente num momento de generosidade embriagada e arrependem-se mais tarde, quando sóbrias! Rejubile-se com o ato de dar e supere a relutância e a aversão quando sua generosidade é requerida.

O preconceito de querer dar apenas a amigos e pessoas queridas, mas não a inimigos, deve ser evitado. Não gostamos de dar nada aos que nos desagradam e até nos sentimos irritados quando alguém é generoso com eles. Tente dar a amigos e família sem apego; aos que o prejudicam, dê com amor, e aos que nem o ajudaram nem o prejudicaram dê não com indiferença, mas com afeição.

Dar prata esperando ganhar ouro, pensando na riqueza futura que a generosidade material pode trazer, esperando tornar-se um grande erudito porque se dá ensinamento ou ser poderoso porque se dá proteção torna a generosidade um empreendimento comercial. Em seu *Yogic Deeds of Bodhisattvas* [Ações ióguicas de Bodhisattvas][8], Aryadeva diz:

> *Quando se pensa que ao dar presentes agora*
> *Haverá um grande resultado,*
> *Receber e dar são como comércio*
> *Para lucro, o que será criticado.*

No entanto, permanece o fato de que qualquer semente cármica semeada crescerá e proliferará se permanecer intacta, do mesmo modo que na natureza uma única semente pode produzir uma planta sadia, com muitos usos e frutos abundantes, dos quais virão muitas sementes mais.

Há três pensamentos a cultivar quando algo nos é solicitado: que se trata de uma oportunidade maravilhosa para aperfeiçoar a generosidade que conduz à iluminação; que os ensinamentos, as coisas ou a proteção que outros requisitam, de fato, já lhes pertencem, pois, como praticantes do Grande Veículo, prometemo-lhes tudo o que possuímos, e eles estão meramente reivindicando o que já é deles; e que a pessoa que faz o pedido é nosso professor de generosidade.

◆

A GENEROSIDADE

A generosidade tem valor verdadeiro quando é sincera. Ensinar o que é fácil e esconder o que é profundo mostra falta de generosidade. Ao ensinar um ofício, por exemplo, é importante passar tudo o que se sabe e não reter instruções essenciais por medo de ser superado pelos alunos. É inadequado dar apenas proteção parcial quando se tem a capacidade de dar mais. Com frequência as pessoas seguram as coisas até elas se estragarem ou sua data de validade vencer, e só então as dão a outros. Tais presentes deixam de trazer alegria porque ninguém gosta de ganhar coisas ruins ou inúteis.

Nossa generosidade é direcionada a todos os seres vivos, que podem ser agrupados em dez tipos: inimigos, amigos e pessoas neutras; aqueles com e sem qualidades especiais; iguais, inferiores e superiores; e aqueles que são felizes e os infelizes. Às pessoas com qualidades especiais, tais como as que mantêm disciplina ética, dê com apreço e respeito; e dê com compaixão aos que sofrem ou não são éticos. Dê sem orgulho aos inferiores, sem inveja aos superiores e, aos iguais, sem tentar impressionar. Dê com amor aos que prejudicam e com equanimidade aos que ajudam, sempre mantendo uma ausência de preconceito. E então dedique o mérito e o fruto de tal generosidade ao benefício da pessoa que pediu ajuda e à felicidade de todos os seres vivos.

Nunca menospreze, zombe, denigra com insinuações ou intimide o recebedor de seu presente. Dê de coração com um sorriso, com palavras doces e gentis e com respeito. Como resultado, você receberá ajuda e serviço amistoso no futuro. Ao dar na hora em que seu presente é necessário, seus desejos serão realizados. Muitas pessoas adquirem riqueza e propriedade, mas parecem incapazes de mantê-las porque são roubadas ou destruídas. Não causar nenhum mal quando se dá torna os recursos futuros estáveis. Dar com as próprias mãos assegura que tais recursos aumentarão. Suportar pacientemente quaisquer dificuldades que suas ações generosas possam acarretar faz que você seja cercado por pessoas carinhosas. Como se pode ter certeza de que esses resultados ocorrerão? A conexão entre ações e seus efeitos é complexa e sutil; mas pensar sobre essas afirmações e observar suas experiências ajudará você a desenvolver maior convicção.

Conta-se de um homem que achava muito difícil desapegar-se de suas posses. Para superar sua relutância, começou a passar as coisas de uma mão para outra e, com o tempo, tornou-se capaz de dar com facilidade. Se tivermos dificuldade em ser generosos, devemos começar a dar coisas pequenas, das quais podemos facilmente nos separar. A oferenda diária de água fresca colocada nos altares budistas é um presente fácil de dar, já que a maioria de nós não tem dificuldade de se separar de água; no entanto, a água fresca é um presente precioso em países muito quentes.

Se alguém que você conhece quer dar mas está hesitante em começar, ou não sabe bem como, encoraje-o, dizendo, por exemplo: "Tenho algumas roupas para dar. Se alguém precisar de roupas, você poderia dar essas a ele?" ou "Por favor, diga-lhe que me procure." Às vezes, é necessário apenas um pequeno encorajamento.

Quando der ensinamento ou instrução espiritual, faça-o com as três características descritas anteriormente: lembre-se de que seu objetivo é a iluminação; o que você dá já foi dedicado aos outros; o recebedor é seu professor de generosidade. Com intenção pura, comunique tão completamente quanto possível o que você sabe. Se, como resultado, a outra pessoa se tornar mais instruída ou mais capaz que você, tanto melhor. Ministrar votos de qualquer tipo também conta como generosidade de dar ensinamentos; mas não é preciso ser professor oficial para dar bons conselhos a alguém que necessite de ajuda, esteja confuso ou pareça estar se extraviando.

Aprender textos de cor ou recitá-los pode também ser tomado como um ato de dar ensinamentos, se é feito com o desejo de beneficiar os outros. Recitar textos pode beneficiar os que os ouvem. Um pombo costumava passar a noite empoleirado numa viga no quarto de um monge. Esse monge começou a recitar o *Compendium of Teachings Sutra* [Sutra do compêndio de ensinamento][9] todas as manhãs, antes do alvorecer. Em cima da viga, o pássaro ouvia, mas, conforme a estação do ano, quando o monge tinha terminado de recitar a metade ou dois terços do texto, o dia clareava e o pombo saía voando. Ouvir o texto purificou muitas obstruções cármicas, de forma que o pombo renasceu como ser humano com fé nas Três Joias e com o tempo ordenou-se. Dizem que foi discípulo do grande Mestre indiano Vasubandhu. Sem ter de fazer qualquer esforço para memorizá-lo, ele podia recitar de cor a parte do texto que tinha ouvido repetidamente em sua vida prévia.

Mesmo que você more numa caverna e não tenha discípulos, pode imaginar-se dando ensinamentos aos seres dos seis reinos, ajudando-os assim a atingir a liberação. Muitas pessoas acreditam que conseguirão a felicidade por meio de posses materiais, mas mesmo depois de conseguirem as coisas que desejam continuam sentindo-se vazias e insatisfeitas, e seus problemas permanecem. A única maneira de nos livrarmos dessa insatisfação profunda é por meio de mudanças interiores que provêm da prática dos ensinamentos. Hoje em dia, um número crescente de pessoas sente isso e anseia por receber instrução espiritual, mas falta-lhes oportunidade. Conheci grupos de pessoas ansiosas por praticar meditação; elas se reúnem uma ou duas vezes por semana, mas ninguém tem uma ideia clara de como efetuar uma transformação interior genuína. Imagine a si mesmo confiantemente dando-lhes instrução e orientação.

Dar proteção inclui ajudar os que são oprimidos por governantes despóticos, governos ou criminosos, os que foram atacados ou são ameaçados por animais selvagens, ajudar os próprios animais selvagens que pertencem a espécies ameaçadas, assim como todos os que estão em perigo advindo dos elementos, por exemplo, tomados de surpresa em inundações ou incêndios. Talvez não sejamos capazes de fazer algo pessoalmente em grande escala, mas podemos ser atuantes e contribuir para organizações especializadas em ajudar.

Há muitas oportunidades na vida diária para salvar pequenas criaturas de afogamento, queimadura, ou de serem feridas de outra forma; milhões de seres vivem com medo. Imagine-se resgatando-os e deixando-os confortáveis, libertando os milhares de peixes apanhados nas gigantescas redes de pesca modernas, soltando aves de abate ou animais presos em cercados, que nunca viram a luz do dia. Imagine os peixes deslizando pela água, os animais em campos e pastos cabriolando, brincando e banqueteando-se em grama verde.

É certo que em algum momento precisaremos deixar para trás nosso corpo, posses, amigos e parentes. Criamos muitas ações negativas por apego e hostilidade porque vemos os papéis de amigo e inimigo como fixos. As coisas às quais somos apegados não podem nos acompanhar quando partirmos, mas as ações negativas que criamos nos acompanharão. Se pudermos nos livrar do apego agora, seremos capazes de encarar a separação inevitável daquilo que nos é caro, na hora da morte, sem dificuldade ou pesar. A forma mais elevada de generosidade é o não apego. Uma cobra solta sua pele sem nenhum apego a ela; como seria fácil se sentíssemos da mesma forma com relação a nossas posses!

Se entendermos a impermanência e formos genuinamente compassivos, veremos nossas posses como pertences de outros, confiados à nossa guarda, e que devem ser devolvidos. Com essa atitude, nossa propriedade não será fonte de ansiedade. Se, em vez de distribuir, acumulamos coisas em casa, estas precisam ser protegidas e tornam-se causa de preocupação, descontentamento e tempo perdido.

Havia, certa vez, um monge avarento que achava difícil recusar o que lhe ofereciam. Um amigo decidiu ajudá-lo e disse: "Vou lhe dar muitos presentes, mas a cada vez você precisa dizer *Eu não o quero*." A princípio, isso requereu um enorme esforço, mesmo para fingir que ele não queria o presente, mas com a prática tornou-se mais fácil dizer as palavras. No final, ele se tornou capaz de recusar com toda sinceridade e superou sua ganância. Nós também podemos nos lembrar de não ser gananciosos, dizendo: "Não preciso realmente disso." Avareza, ganância e possessividade são aspectos do apego que distorcem os objetos aos quais se aderem. Podemos apreciar pessoas e coisas sem essas emoções constritivas. Amor e compaixão verdadeiros são realistas, amplos e deixam o outro em liberdade.

A generosidade material consiste em dar corpo e posses, comida, bebida, roupa, abrigo, transporte e assim por diante. Dar o corpo não exige necessariamente o sacrifício de nossos membros, nossa vida. Pode significar o uso de nossa força física para cuidar de doentes ou idosos, desobrigando temporariamente os que fazem isso, ou ajudar em diferentes tipos de trabalho, leve ou pesado.

Se temos posses, é hipócrita simplesmente imaginarmos a ação de dar. Por outro lado, a falta de posses não precisa ser um empecilho para a prática da generosidade, já que podemos nos imaginar emanando muitos corpos e dando prodigamente. Na meditação, desfrutamos recursos ilimitados e podemos dar tudo o que é preciso, abastecendo, por exemplo, campos de refugiados ou países inteiros, onde há fome, com alimentos crus ou cozidos e com água fresca e limpa.

O que damos não deve causar dano, tampouco ter sido apropriado por meios escusos, mas deve ter sido adquirido de maneira compatível com os ensinamentos. Deve estar em boas condições e ter aparência, cheiro, gosto e tato agradáveis. Como resultado, desfrutaremos uma aparência atraente, fama, alegria e corpo juvenil duradouro no futuro.

Quando requisitado a ajudar, não deixe que os outros sofram primeiro por um tempo, antes de dar; não os explore, obrigando-os a fazer o que é contrário aos ensinamentos ou às convenções sociais. Não prometa muito ou algo bom e depois dê menos ou algo inferior. Não ostente sua generosidade, nem faça alarde dela, nem lembre o recebedor e outros quão bondoso você é.

Numa época em que o grande mestre indiano Atisha[10] estava no Tibete, ele recebeu oferendas de cevada de pessoas que viviam em Lhasa e armazenou-as cuidadosamente num templo. Quando seu discípulo Dromtönpa[11] ia se deitar, sentiu-se perturbado pelo que parecia o comportamento aquisitivo de Atisha e decidiu que no dia seguinte iria descobrir do seu mestre o que pretendia fazer com essa grande quantidade de cevada. Pela manhã, bem cedo, a caminho de ver Atisha, passou pelo templo e notou, para sua surpresa, que toda a cevada desaparecera. Quando Dromtönpa perguntou a Atisha o que tinha feito com ela, ele simplesmente disse: "Sou bom em dar."

Em vez de dar tudo de uma vez, podemos ser tentados a dar um pouquinho por vez, durante um longo período de tempo, para transformar o recebedor em nosso devedor, ou podemos ser avaros com o que recebemos e acumulá-lo primeiro por um tempo, antes de dá-lo. Isso macula nossa generosidade.

Os que estão em posição de autoridade não devem tirar vantagem disso para dar as esposas, as crianças e a propriedade de outros àqueles que eles favorecem ou desejam impressionar bem. Nem se deveriam coagir outros a dar ou tirar à força o que pertence a nossos pais, membros da família ou empregados e usá-lo para dar, como se fosse nosso. O que damos não deveria causar problemas nem ter sido obtido de maneira conflitante com nosso código de disciplina ética.

O doador ideal é alguém que não tem ganância e é dotado com as sete qualidades preciosas dos seres elevados: fé, disciplina ética, generosidade, conhecimento amplo, entendimento e um saudável senso de vergonha e constrangimento. A melhor motivação para dar é a intenção altruística. Quando praticamos a generosidade em meditação, imaginamo-nos como poderosos Bodhisattvas, com a motivação altruística de assumir responsabilidade pelos seres dos seis reinos e com a capacidade de mantê-la.

Dê sem temer privação, sem intenção de enganar o recebedor, sem desagrado, raiva, hesitação ou distração, sem impaciência se o recebedor for ingrato e sem desejar chamar a atenção para as faltas ou mentiras dele.

Um esforço especial é necessário quando achamos coisas particularmente difíceis de dar, ou quando temos medo de que nos façam falta. Já fomos mais ricos, com posses mais esplêndidas em vidas prévias, mas tivemos de deixar tudo e definitivamente teremos de fazê-lo de novo. Então por que não começarmos agora?

Um comerciante não tem problema algum em deixar suas mercadorias quando um cliente faz uma compra porque ele recebe dinheiro em troca. Nosso objetivo é dedicar a outros corpo, posses e virtude com a mesma facilidade, mas sem nenhuma esperança de recompensa. Podemos pensar, por exemplo, que quando nossa generosidade chegar ao conhecimento daqueles em posição de autoridade eles nos terão em alta estima e nos recompensarão com bens e serviços. Uma ação generosa feita com tais expectativas pode trazer os resultados desejados, mas não agirá como causa para a liberação ou iluminação, já que não foi realizada com esse propósito.

Em vez de alimentar a esperança de retorno, lembre-se de que os que procuram sua ajuda não têm felicidade, queimam com anseios e são impotentes para remover seu próprio sofrimento. Vendo isso, não pense em nada além de ajudá-los. Sem a esperança de que sua ação lhe trará um bom renascimento ou riqueza, pense apenas na mais alta iluminação.

Não há necessidade de dar se o pedido for feito apenas para testar ou explorar-nos, se for feito por um louco, se você sentir que a pessoa simplesmente tem a intenção de usar a informação para propósitos comerciais ou fama pessoal, ou se ensinamentos profundos e secretos forem requisitados por alguém que não está preparado para eles. Tampouco deveremos conceder um pedido se suspeitarmos que há trapaça envolvida. Por exemplo, alguém pode lhe pedir uma estátua dizendo que está fazendo práticas ligadas à divindade que representa e quer fazer prostrações e oferendas a ela, mas você pode suspeitar que a pessoa quer, na verdade, vendê-la. Tanto na vida real quanto na imaginação, a generosidade requer o exercício de sabedoria e inteligência, sem as quais poderemos causar mais dano que bem. Em seu *Summary of the Stages of the Path* [Resumo dos estágios do caminho][12], Tsongkhapa diz da generosidade:

AS SEIS PERFEIÇÕES

Dar é uma joia que concede todos os desejos
Satisfazendo as esperanças de seres vivos,
A melhor arma com que cortar o nó da avareza,
Uma ação de Bodhisattva, que dá origem à coragem indômita
E espalha nossa fama nas dez direções.
Sabendo disso, o sábio segue o bom caminho
De dar completamente corpo, posses e virtude.

Capítulo 2

A DISCIPLINA ÉTICA

O papel da ética é importante, seja para um leigo, seja para um ordenado. Como seres humanos, somos capazes de distinguir entre ações apropriadas e inapropriadas. As que trazem tanto a felicidade imediata quanto a definitiva são claramente benéficas e saudáveis. As que não trazem felicidade nem agora nem mais tarde, assim como as que trazem apenas prazer passageiro, mas prejuízo no final, são indiscutivelmente não saudáveis. Seguir simplesmente nossos desejos e agir impulsivamente, sem tais considerações, leva-nos a ter problemas. O que nos prejudica ou prejudica a outros é não virtuoso, enquanto o que beneficia a nós e a outros é virtuoso. Vale a pena ter isso em mente.

Embora a generosidade nos traga recursos futuros, estes serão desperdiçados se não os usarmos num renascimento humano ou celeste. A má ética leva a um mau renascimento, no qual só podemos gastar os frutos de virtudes passadas, mas não acumular novas reservas. Um cachorro pode viver em luxo como resultado de generosidade passada: pode ser bonito, querido e acariciado por todos, como resultado de ter praticado paciência no passado, mas ainda é apenas um cachorro, incapaz de discriminar entre ações saudáveis e não saudáveis.

Em *Letter to a Friend* [*Carta a um amigo**][13], Nagarjuna diz ao rei:

> *Mantenha sua disciplina ética pura,*
> *Livre de declínio e degeneração,*
> *Inalterada e imaculada.*
> *Como a terra é para os seres animados e inanimados.*
> *A disciplina, disse [o Buda],*
> *É a base de todas as boas qualidades.*

Nagarjuna aconselha seu amigo a não deixar sua disciplina ética degenerar – cometendo erros – nem declinar sob a influência das emoções perturbadoras. Tampouco ela deve ser corrompida pela presença do apego. Pensando apenas na liberação, ele deveria mantê-la pura, sem permitir que fosse poluída pelas preocupações mundanas.

---

* Trad. brasileira, São Paulo, Palas Athena, 1994.

A DISCIPLINA ÉTICA

O Buda usou a analogia da terra, que sustenta tudo o que é animado e inanimado, para ilustrar que a boa ética é o terreno essencial para o crescimento de todas as qualidades nobres.

Tendo estabelecido seus critérios, mantenha-se atento a eles e verifique repetidamente seus pensamentos e ações durante o dia. Quando se sentir tentado a fazer algo negativo, seu senso de autorrespeito como pessoa decente e como um assim chamado praticante será uma restrição útil. Refletir também sobre como a ação seria vista pelas pessoas que você admira tem um efeito refreador. A conscienciosidade para prevenir ações falhas leva à disciplina ética, que é nossa verdadeira proteção. Se as pessoas vivessem de acordo com esse código de disciplina interior, não haveria necessidade de leis impostas em tão grande escala.

Esperamos por paz e felicidade e delas falamos, mas enquanto não começarmos a criar paz dentro de nós mesmos nossas esperanças serão inúteis. A ausência de apego ao nosso próprio ponto de vista, a ausência de antagonismo com relação ao ponto oposto e a ausência de confusão sobre o que deveria ser cultivado e o que deveria ser descartado são as fundações da paz. A tolerância e a paciência não surgem da supressão da raiva, que simplesmente submerge e persiste como ressentimento. Visto que paz e harmonia verdadeiras não são possíveis enquanto ferve o ressentimento, o esforço para conseguirmos a conciliação e o entendimento é de importância vital.

A disciplina ética de um Bodhisattva assume três formas: a coibição do mal, a criação de virtude e o trabalho pelos outros. As duas últimas dependem da primeira. Nosso aperfeiçoamento da disciplina ética não é medido por quão bem-sucedidos somos em deter a violência ou o comportamento não ético no mundo, mas por quão desenvolvidas são nossas intenções e nossa habilidade de abster-nos do mal.

A disciplina ética de um Bodhisattva para a coibição de ações falhas é a intenção de deixar de fazer qualquer coisa que cause mal aos outros e de dissipar a fonte desse mal. O mal aqui se refere principalmente a sete atividades físicas e verbais nocivas: matar, roubar, ter má conduta sexual, mentir, usar a fala áspera, a divisiva e a ociosa. Matar prejudica o corpo e a vida dos outros, enquanto roubar priva-os de suas propriedades. A má conduta sexual explora os outros, mancha sua pureza e desperta emoções perturbadoras, das quais surgem as ações não saudáveis. Mentir engana os outros. A fala divisiva transforma amigos em inimigos e afasta ainda mais os que já não são amistosos. A linguagem áspera e abusiva fere e perturba os outros; enquanto a fala ociosa distrai-os e desperdiça seu tempo. Essas ações físicas e verbais são formas de violência e afloram de três estados mentais prejudiciais: a cobiça, os pensamentos nocivos e os pontos de vista errôneos.

A coibição dessas atividades não é uma prática confinada a principiantes. Aqueles com capacidade intermediária e elevada também a praticam com diferentes intenções, tais como o desejo de obter liberdade pessoal da existência cíclica ou de atingir a mais alta iluminação para o benefício de todos os seres vivos. Para os que mantêm qualquer forma do voto de liberação pessoal, a coibição do mal é praticada pela observação desse voto. Para os que não o mantêm, a prática envolve a coibição dessas atividades físicas, verbais e mentais não saudáveis.

Uma joia pode parecer linda numa pessoa e não em outra, mas a disciplina ética é um adorno que combina com todo o mundo, jovem ou velho, leigo ou ordenado. A fragrância de flores é carregada pela brisa somente quando sopra em certa direção, mas o doce perfume da disciplina ética espalha-se por todos os lados nas dez direções a seu bel-prazer. Ela torna a pessoa radiante e clareia mais a compleição que a melhor loção. Se você não acredita que a observância de um estilo de vida ético afeta nossa aparência física, olhe para as pessoas que matam muito.

No *Engaging in the Bodhisattva Deeds* [Engajando-se nos feitos de Bodhisattvas], Shantideva diz:

> *Entendendo que o insight especial, bem dotado da*
> *Permanência serena, destrói as emoções perturbadoras,*
> *Primeiramente busque a permanência serena, mas para*
> * isso realize*
> *O não apego ao mundo com intenso deleite.*

O *insight* especial sobre a realidade com uma mente de permanência serena destrói as emoções perturbadoras. Para o cultivo desse *insight* especial, precisamos primeiramente desenvolver uma mente de permanência serena. Esse estado elevado de concentração só pode ser fomentado com sucesso se estamos livres do apego aos interesses mundanos – pré-requisito para a verdadeira conduta ética.

O primeiro passo é reconhecermos e admitirmos os pensamentos e ações faltosos como tais, o que muito poucas pessoas estão dispostas a fazer. Os mestres Kadampa[14] vigiavam todos os seus pensamentos e ações, pondo de lado uma pedra branca ou preta ao ocorrerem e fazendo o cálculo ao final de cada dia. Muitas pessoas mantêm um diário e o carregam consigo o tempo todo. Ele pode também ser usado de maneira semelhante, marcando-se tracinhos e cruzinhas e à noite conferindo quantas de cada há. Havendo mais tracinhos, podemos nos parabenizar, mas no caso de haver mais cruzinhas devemos gentilmente nos lembrar: "Você está fazendo o que sempre fez; não é de surpreender que as coisas estejam na mesma. Se quiser que elas sejam diferentes, terá de mudar esses hábitos."

Purifique todas as faltas diariamente, antes de dormir. O grande mestre indiano Atisha deixou-nos um exemplo inspirador disso. Em sua longa jornada ao Tibete, parava a caravana a cada vez que sentia ter cometido uma falta, e todos os que viajavam com ele esperavam, enquanto ele fazia práticas de purificação diante de uma estupa que ele carregava com esse propósito. Estava sempre consciente de que a morte poderia advir a qualquer momento e de que ações negativas não purificadas seriam fonte de sofrimento futuro.

Se você vigiar cuidadosamente suas atividades físicas, verbais e mentais, gradualmente aprenderá a distinguir entre as saudáveis e as não saudáveis. O cultivo de tal atenção plena também é uma fundação útil para a estabilização meditativa. Em suas sessões de meditação, lembre-se de suas atividades negativas e purifique-as. Não há necessidade de se apegar à culpa e sentir-se pesado com ela. Você realizou as ações e também tem o poder de purificá-las, não importa quão graves sejam. As faltas, erros e emoções perturba-

A DISCIPLINA ÉTICA

doras não são parte integrante de sua natureza, mas manchas temporárias que podem ser removidas.

Na prática da disciplina ética tentamos evitar as ações falhas, mas quando elas ocorrem tomamos medidas para purificá-las. Os antídotos mais fortes são a intenção altruística e a compreensão da realidade. Visto que essas removem todas as obstruções à iluminação, certamente têm o poder de purificar as ações negativas.

As quatro contramedidas importantes são o poder da confiança, o poder do comportamento opositor, o poder do arrependimento e o poder da promessa. Todas as ações negativas são criadas em relação às Três Joias ou aos outros seres vivos. As criadas em relação às Três Joias – os seres iluminados, seus ensinamentos e a comunidade espiritual – são purificadas pela confiança neles, por meio da sincera tomada de refúgio. As criadas em relação a outros seres vivos são purificadas pelo desejo de ajudá-los e pelo despertar da intenção altruística.

O comportamento opositor é qualquer ação positiva realizada como medida purificadora. Pode consistir em prostrações ou oferendas, o cultivo da compaixão e do amor, ou pode ser qualquer ação conscientemente bondosa. Contemplar que o realizador da ação negativa, a própria ação, e o objeto em relação ao qual ela foi realizada são todos interdependentes e vazios de existência intrínseca é a conduta opositora mais eficiente de todas, já que atinge a própria raiz de nossas ações negativas: a ignorância, fonte de todas as emoções perturbadoras.

O poder do arrependimento envolve admitirmos que realizamos uma ação errônea e reconhecermos que ela trará sofrimento se não for purificada. Sentindo-nos como se acidentalmente tivéssemos engolido veneno, arrependemo-nos intensamente do que fizemos. Se o arrependimento é genuíno, o poder da promessa de não repetir a ação sucede naturalmente.

Uma ação negativa tem quatro efeitos. No caso do matar, por exemplo, o sofrimento que causamos ao matar uma criatura viva resulta num mau renascimento. Esse é o fruto ou maturação da ação. Encurtamos a vida de um ser vivente, o que resulta numa experiência semelhante à ação realizada. Após o mau renascimento, quando mais uma vez nascermos como seres humanos, nossa vida será encurtada por doença ou por um acidente. O pior efeito é a tendência a repetir novamente a ação negativa, o que desenvolve o instinto de matar. Ao matar, roubamos um ser vivo de seu esplendor. Isso produz o resultado ambiental de sermos forçados a viver num lugar desagradável, onde falta beleza natural.

Cada um dos quatro antídotos purifica um desses efeitos. O poder da confiança purifica a maturação, pois ao tomarmos refúgio sinceramente e despertarmos a intenção altruística fechamos a porta a maus renascimentos. O comportamento opositor purifica a experiência semelhante à ação causal, já que a criação de virtude dá origem a experiências agradáveis. O poder do arrependimento purifica o instinto de repetir a ação porque reforça o desagrado pelo que foi feito; e o poder da promessa purifica o resultado ambiental por interromper a continuidade da não virtude. A aplicação conscienciosa desses quatro antídotos é essencial, pois com frequência realizamos ações negativas

A DISCIPLINA ÉTICA

pela simples força do hábito. Precisamos saber claramente o que é negativo, desenvolver um desejo forte de não fazê-lo e expressar esse desejo por meio da oração.

Se você tem um mestre espiritual ao qual pode se voltar para pedir conselho ou a quem pode admitir os erros cometidos, isso é excelente; se não tem, aja como seu próprio mestre. Admita suas faltas e erros perante a imagem de um ser iluminado ou perante outros objetos sagrados e aplique escrupulosamente os quatro antídotos.

A raiva é fácil de reconhecer como negativa porque ela nunca é agradável, mas o desejo e o apego nos enganam porque inicialmente parecem muito prazerosos. Podemos, sem esforço, permanecer absorvidos no objeto de nossa paixão por horas a fio, sem sentir cansaço algum; ao contrário, nós o achamos estimulante. Quanto mais pensamos nele, mais fortes crescem nosso desejo e apego, mas no final essas emoções destroem nossa paz e nos levam a todo tipo de ações não saudáveis. Se estamos genuinamente interessados em superá-las, precisamos, apesar de nossa relutância, pensar sobre a fealdade ou os defeitos do objeto no qual essas emoções se focalizam. Ao menos, poderíamos tentar nos distrair ao voltarmos nossa atenção para algo inteiramente diferente.

Todas as pessoas que ainda não se livraram das emoções perturbadoras as vivenciam, mas a maioria descobre que uma é bem mais forte que as outras. Para algumas, o apego arraigado, o desejo e outras emoções associadas são o problema predominante. Para outras, é a hostilidade e a raiva, ou pode ser a inveja, o ciúme e a competitividade, ou o orgulho e a arrogância. É preciso identificar o que nos causa problemas e trabalhar essa emoção.

Se desejamos ajudar os outros, temos de nos tornar sensíveis a suas personalidades e perceptivos com relação a suas emoções perturbadoras. Sob a superfície, a maioria das pessoas é infeliz. Podemos tentar ajudar com a melhor intenção, mas se parecermos excessivamente competentes e bem-sucedidos ao conduzir nossa própria vida nossa presença poderá deprimir a outra pessoa ainda mais. Se admitirmos não saber todas as respostas, a comunicação se tornará mais honesta e provavelmente mais produtiva.

A importância de respeitarmos os outros, de não sermos hostis, irados ou insatisfeitos com eles é assinalada com frequência. Será que a disciplina ética com relação aos outros fluiria mais naturalmente se parássemos de sentir desagrado, raiva, insatisfação e falta de respeito por nós mesmos? Sentimentos de autodesprezo, insatisfação, raiva e falta de respeito dirigidos a nós mesmos, apesar das aparências, na verdade brotam de nosso apego ao eu e à nossa felicidade.

Corremos atrás da felicidade, esperando encontrá-la por meio de alguém ou algo. Somos ignorantes sobre a melhor e mais sábia maneira de apreciarmos a nós mesmos, e nosso apego a uma ideia distorcida do eu e à felicidade que desejamos para ele enche-nos de expectativas com relação ao que queremos ser e possuir. Quando falhamos em suprir essas expectativas, sentimos insatisfação e uma profunda sensação de fracasso. Corresponder às expectativas requer não somente muitas circunstâncias conducentes, mas também um tremendo esforço que achamos difícil fazer. Isso leva a frustração e raiva, as quais voltamos contra nós. Cultivar um senso de satisfação e ter poucos desejos é o segredo para a paz e a felicidade. Isso não é uma desculpa para a preguiça; quando se trata do bem-estar dos outros, certamente não deveríamos nos contentar com pouco.

Enquanto nos sentimos frustrados e descontentes, não podemos desfrutar nossa própria companhia. O autodesprezo aparente brota de uma preocupação exagerada com nós mesmos, o que dá ensejo a uma atitude defensiva, hostilidade e uma sensação de alienação. Se começarmos a sentir de modo diferente com relação a nós mesmos, ficaremos bem mais descontraídos e menos inclinados a apego ou aversão violentos, baseados em projeções irrealistas. Esses são problemas profundos, para os quais não há remédios simples.

Em *Letter to a Friend*, Nagarjuna diz ao rei:

O Subjugador disse que o cuidado é a fonte do néctar,
Descuido, a fonte da morte.
Por isso, para aumentar a conduta virtuosa,
Sempre se interesse pelo cultivo do cuidado.

O cuidado e a conscienciosidade são cultivados pelo emprego da atenção plena e do alerta mental e pelo desenvolvimento de um sólido senso de autorrespeito e decência para proteger a mente da tirania das emoções perturbadoras.

A conscienciosidade em resistir às emoções perturbadoras é a fonte do néctar da imortalidade porque nos capacita a ganhar a liberdade da existência cíclica. De outro modo, continuaremos a vivenciar muitas formas de dor e sofrimento associados a nascimento, doença, envelhecimento e morte e às situações frustrantes que encontramos. O cultivo desse cuidado conscencioso para prevenir as emoções perturbadoras leva-nos à verdadeira disciplina ética, raiz de toda felicidade. A disciplina ética refere-se principalmente a nosso comportamento físico e verbal, e nosso estado mental influencia tudo o que fazemos. Use esse agradável jardim de seu precioso renascimento humano para cultivar os três tipos de disciplina ética, até que floresçam e frutifiquem no estado que está além do pesar.

Tendo assentado um alicerce de coibição do mal, comece a acumular energia positiva mediante o fortalecimento constante de sua conduta ética e o treinamento em concentração e sabedoria. Quando fazemos um grande empréstimo no banco, temos de pagá-lo antes que possamos começar a economizar dinheiro para nós mesmos. Assim que nossa conta de investimento parece boa, podemos começar a dar ajuda material a outros. Similarmente, a coibição da ação prejudicial é como o pagamento básico do empréstimo, o primeiro passo. Então podemos começar a gerar uma riqueza de energia positiva e usá-la para ajudar os outros.

Embora os três tipos de disciplina ética sejam praticados simultaneamente, os principiantes colocam maior ênfase na disciplina ética da coibição do mal, enquanto novos Bodhisattvas concentram-se na criação de virtude. O sucesso no trabalho para o bem-estar dos outros aumenta nosso interesse em ouvir, pensar e meditar. Se o trabalho que estamos fazendo comprova-se útil, é um erro não lhe dedicarmos tanta energia quanto pudermos. No entanto, ao mesmo tempo, não devemos descartar as atividades mais contemplativas. É preciso buscar um equilíbrio saudável.

Quando motivado pela intenção altruística, o treinamento em disciplina ética, concentração e sabedoria, assim como todas as ações ou práticas positivas, tais como prostrações, circum-ambulações, recitações de orações e mantras, são a disciplina ética de Bodhisattvas para criar virtude. Muito mérito é criado ao venerarmos e servirmos àqueles com qualidades especiais, ao apreciarmos e louvarmos as qualidades maravilhosas das Três Joias e ao nos alegrarmos mental e verbalmente no bem realizado por outros. Em vez de retaliarmos quando prejudicados, a situação pode se tornar uma fonte de mérito ao considerarmos o que aconteceu como resultado de nossas próprias ações passadas. Dedique sinceramente toda virtude que criar e use-a como base para orações sinceras de aspiração. Seja consciencioso em procurar meios de criar nova virtude e de sustentar e aumentar as virtudes já criadas, para que o fluxo nunca seja interrompido. Proteja também as portas de seus sentidos.

Através dos sentidos vivenciamos visões, sons, cheiros, gostos e sensações táteis como atraentes, repulsivas ou neutras. Respondemos ao que achamos atraente com desejo e anseio; ao repulsivo, com aversão ou hostilidade; e ao neutro, com indiferença e confusão. Proteger os sentidos envolve a prevenção de tais emoções perturbadoras que respondem aos estímulos sensórios. O mestre Kadampa Geshe Bengungyel[15] disse: "Fico à porta de minha casa com uma lança preparada. Quando as emoções perturbadoras tornam-se agressivas, fico agressivo também; mas se elas relaxam eu também relaxo."

Por que as emoções perturbadoras são apontadas como as arquivilãs? Porque tornam a mente inquieta, turbulenta e não utilizável. Quando elas estão ativas, sentimo-nos agitados e transtornados e o expressamos em palavras e ações que perturbam os outros. Nem nós nem eles crescemos com isso. Quando nossa mente está livre das emoções perturbadoras, sentimo-nos serenos e felizes. Nosso comportamento físico e verbal expressa isso e traz alegria aos outros.

Os ensinamentos budistas ajudam-nos a identificar claramente essas emoções perturbadoras, como elas surgem e como nos afetam. Também nos fornecem métodos para fazê-las acalmar, para impedi-las de ocorrer e para arrancá-las de uma vez pela raiz. Se levarmos a sério suas recomendações, isso nos ajudará a lidar com as dificuldades do cotidiano. Para que serve a prática espiritual que promete felicidade futura, mas não nos ajuda agora? Os ensinamentos budistas oferecem um remédio para curar nossos males presentes e nos manter saudáveis; se o tomamos ou não é nossa escolha.

Os ensinamentos não são um sistema de regras nem um código de conduta fixo ao qual temos de aderir. Eles nos fornecem os meios para aliviar nosso sofrimento e o dos outros. Os jogadores de futebol seguem regras, entendem-nas bem e sabem como implementá-las; mas o que fazem não é prática espiritual. A prática espiritual consiste em conhecer os ensinamentos e implementá-los de tal forma que ocasionem uma transformação interior, estendendo nossa perspectiva para além de seus estreitos limites presentes.

◆

A DISCIPLINA ÉTICA

A virtude pode ser acumulada por meio de atividades bastante mundanas, como comer e dormir. Comer moderadamente, com o propósito de nutrir e fortalecer o corpo para a prática, e oferecer a primeira porção de nossa comida e bebida às Três Joias cria mérito. Hábitos alimentares errôneos enfraquecem o corpo e são um obstáculo à meditação. Embora isso seja evidente, muitas pessoas têm sérios problemas com relação à sua ingestão de alimentos, ou são tentadas a comer o que sabem que não lhes fará bem. Também deveríamos dormir com moderação, idealmente devotando a primeira e a última parte da noite à meditação e dormindo somente no meio.

A maioria dos métodos para criar virtude pode ser integrada à vida diária. Por exemplo, as oferendas podem ser feitas em qualquer lugar, tanto de verdade quanto na imaginação. A meditação analítica e a de posicionamento devem ser cultivadas diariamente. A meditação analítica, para a qual os eventos cotidianos apresentam oportunidades constantes, é especialmente importante para principiantes, pois é particularmente eficiente para ocasionar transformação. É usada para despertar sentimentos positivos e induzir *insights*, os quais são então sustentados por meio da meditação de posicionamento. Permanecermos conscientes de nossas atividades físicas, verbais e mentais requer esforço contínuo, mas isso é necessário porque nossos hábitos são profundamente arraigados. Ao continuarmos essa prática, ela se torna mais fácil.

O mestre Kadampa Geshe Sharawa disse que, se deixarmos de lado os ensinamentos espirituais, teremos grande dificuldade em encontrar um meio melhor para obter a felicidade nesta vida. Mais ainda, os ensinamentos são a única maneira de assegurarmos a felicidade futura. As emoções perturbadoras e as ações compulsivas devem ser vigorosamente contrapostas, pois uma abordagem suave e indulgente não se livrará delas. Elas não irão ter pena de nós e nos deixar em paz. Precisamos ser destemidos e persistentes, senão toda recaída vai nos desencorajar. A mudança ocorre por meio da coragem e do trabalho árduo, porque os antídotos para as emoções perturbadoras não se fortalecem por si sós.

Ter esperança de obter ajuda não é suficiente, visto que os Budas e Bodhisattvas, que nos amam mais do que nós nos amamos, não podem ajudar-nos a menos que ajudemos a nós mesmos. Se só dependesse deles, certamente não nos deixariam nessa situação precária. Eles podem nos mostrar o que fazer, mas somente nós podemos fazê-lo. Assim que começamos, eles apoiam dedicadamente nossos esforços.

Como praticantes do Mahayana, nosso objetivo em tudo o que fazemos é aliviar o sofrimento dos outros e trazer-lhes felicidade. Assim, a coibição do mal e a criação de virtude são para o benefício dos outros. Ao nos esforçarmos por eles, não precisamos ter medo de ficar atolados no sofrimento, porque nosso próprio bem-estar é um subproduto natural de nossa preocupação com os outros. Toda a ajuda que dermos, motivada pela intenção altruística e mantendo o voto de Bodhisattva, constitui a disciplina ética de trabalhar para os outros.

Há onze maneiras principais de ajudar os outros. A primeira delas é oferecer-lhes nosso apoio em atividades como

A DISCIPLINA ÉTICA

acumular, proteger e aumentar riqueza por meio da agricultura, comércio e assim por diante, usando apenas recursos éticos. Também incluído é o apoio àqueles que sofrem, descobrindo-se maneiras de ajudar os cegos, surdos e enfermos.

A segunda das onze maneiras de trabalhar para os outros consiste em oferecer amizade àqueles que estão desorientados. Podemos, por exemplo, ajudar alguém envolvido num curso de ação errôneo a entender o que vale a pena ser cultivado e o que deveria ser descartado. As muitas formas de aconselhamento e terapia atualmente praticadas podem apresentar a oportunidade de introduzirmos uma dimensão espiritual. Se são acompanhadas por um desejo verdadeiro de ajudar, tornam-se atividades de Bodhisattva.

A terceira maneira é oferecer amizade por meio do serviço aos outros, com ações tais como dar boas-vindas a estranhos e fornecer-lhes acomodação, alimento ou dar-lhes qualquer outra forma de assistência.

A quarta é ajudar e proteger os que temem ser feridos por outros seres vivos, sejam humanos, animais ou espíritos, ou ajudar os que estão em perigo advindo dos elementos. A lista de coisas que as pessoas temem é interminável: algumas temem a escuridão; outras têm medo de aranhas; outras, de multidões, da solidão ou de ficar sem um amigo de confiança. Não se pode negar que há muitas coisas assustadoras no mundo, mas na raiz de todos esses medos está a autopreocupação. Como lidamos com o medo? Medos específicos têm causas específicas que devem ser abordadas, mas em geral é verdade que quanto mais largamos nossa autopreocupação mais o medo diminui.

No momento em que ouvimos sobre um desastre pensamos: "E se acontecesse comigo?" A autopreocupação traz imediatamente o desastre para sua órbita. É útil pensarmos sobre o carma e como nunca vivenciamos os efeitos de uma ação que não tenhamos realizado. Pensar que todo medo que vivenciamos é o resultado de termos causado medo a outros no passado também pode ser útil. Muito do que tememos tem pouca realidade externa, mas é criado por nossas mentes. Treinamos para largar o medo e nos tornarmos mais corajosos e descontraídos pensando: "De algum jeito vou dar conta." Há muitas situações em que podemos nos proteger do medo simplesmente sendo sensatos; mas quando não conseguimos aguentar sozinhos não devemos hesitar em procurar ajuda de outros. É importante reconhecermos nossas próprias limitações.

A quinta maneira de ajudar os outros é dar apoio e consolo aos que sofrem a perda ou separação de seus pais, filhos, parceiros, amigos de confiança, mestres espirituais, posses ou riqueza. Isso requer habilidade e empatia. Às vezes pode ser possível proporcionarmos algum alívio lembrando a pessoa consternada de que perda e separação são uma parte natural da vida, inerentes a tudo o que é impermanente. Embora seja importante não suprimir a dor, o pesar pode ser destrutivo quando demasiadamente intenso e prolongado.

A sexta é dar apoio aos que estão em necessidade material ou espiritual. Isso pode ser feito suprindo-lhes as necessidades, tais como comida, roupa e abrigo, ou dando-lhes orientação e conselho.

◆

A DISCIPLINA ÉTICA

A sétima é apoiar os que têm diferentes tipos de aspirações. Isso pode envolver ajudá-los por meios éticos a encontrar emprego, conseguir *status* ou adquirir coisas. No entanto, nem todas as aspirações merecem ser apoiadas! No caso de alguém que esteja dominado pela luxúria, ensiná-lo a meditar sobre a fealdade pode ser necessário. Quando estamos apaixonados, vemos somente o que é atraente e o exageramos; quando a paixão se enfraquece, gradualmente descobrimos as faltas. A meditação sobre a fealdade simplesmente acelera esse processo, não fabricando fealdade onde ela não existe, mas focalizando aspectos que a mente apaixonada desconsidera.

A oitava é dar apoio de acordo com as capacidades e disposições dos outros, ajudando-os a superar obstáculos ao seu bem-estar imediato e de longo prazo, por meio de métodos apropriados a cada caso particular.

A nona é apoiar os que estão engajados em atividades construtivas. Isso significa elogiar e encorajar aqueles cuja conduta é admirável, os que estão empenhados em ouvir, pensar e meditar, os que desenvolveram *insights* e sabedoria, ou são bondosos e compassivos. Com frequência relutamos em fazer isso e, ao invés, sutilmente denegrimos suas realizações. Reconhecemos de má vontade a felicidade dos outros. Por exemplo, quando alguém que conhecemos recebe um presente e alegremente nos mostra, conseguimos esvaziar sua felicidade apontando algum defeito. Por que não aumentar sua felicidade elogiando-o?

A décima consiste em dar apoio corrigindo os que estão engajados em atividades prejudiciais. Isso pode requerer tomarmos medidas duras para detê-los, visto que não se deve tolerar ou favorecer a inclinação de outros para as ações nocivas.

A décima primeira é dar apoio usando quaisquer poderes miraculosos que tenhamos para ajudar os outros. Isso pode incluir ensinarmos não verbalmente, demonstrando a impermanência ou a importância de querermos libertar-nos da existência cíclica. Alguém que tenha poderes miraculosos pode usá-los para assustar um malfeitor, manifestando um reino infernal. Você acha que o ensinar sobre a natureza fundamental da realidade pode ser feito não verbalmente?

Essas diferentes maneiras de ajudar os outros são praticadas por meio da meditação analítica, da meditação de posicionamento e da ação. A conduta de um Bodhisattva é enraizada na intenção altruística. O cultivo da bondade impede automaticamente a inflicção do mal. Embora a conduta aqui descrita seja a dos Bodhisattvas altamente realizados, podemos desde logo fazer muito para ajudar os outros de maneira semelhante.

Um desejo sincero de cultivar o que é construtivo e evitar o que é prejudicial conduz à coibição bem-sucedida das dez atividades nocivas. Como resultado da familiaridade com tal coibição, poderemos seguir facilmente o caminho de vida de Bodhisattvas no futuro. A ausência de coibição resulta em muitas ações faltosas e numa inabilidade de mantermos promessas e nos atermos a compromissos. Em seu *Summary of the Stages of the Path*, Je Tsongkhapa diz:

> *A conduta ética é água que lava*
> *As manchas da ação faltosa, e luar dissipando*

A DISCIPLINA ÉTICA

O tormento ardente das emoções perturbadoras.
Glorioso como o Monte Meru* sobre aqueles nove estados[16],
Seu poder subjuga todos os seres sem o uso de ameaças.
Sabendo disso os sábios salvaguardam, como a seus olhos,
A disciplina com a qual estão plenamente comprometidos.

---

* Montanha sagrada na cosmologia budista, considerada o centro físico e espiritual do universo. (N. da T.)

Capítulo 3

A PACIÊNCIA

A essência do ensinamento do Buda é evitar fazer o mal e ajudar os outros, o que é impossível sem praticar a paciência. Se somos tentados a retaliar assim que os outros nos ferem, ainda temos em nós o impulso de causar o mal. Enquanto sentirmos vontade de fazer mal a outros, não poderemos ajudá-los.

O que é a verdadeira paciência e como podemos desenvolvê-la? A paciência é a imperturbabilidade em face do prejuízo e da adversidade. Responder a essas dificuldades com raiva é extremamente destrutivo porque cria consequências desagradáveis e destrói energia positiva. Não há prática austera à altura da prática da paciência, que acalma a turbulência das emoções perturbadoras. Ela é cultivada na meditação e implementada na vida diária. Há três tipos principais de paciência: a paciência de não levar em conta os que infligem o mal, a paciência de aceitar voluntariamente a adversidade e a paciência de obter certeza com relação aos ensinamentos. Seus opostos são a animosidade, o desencorajamento e a relutância em se engajar com os ensinamentos.

Como um primeiro passo para desenvolver paciência, pense em seus benefícios e nas desvantagens da raiva, a qual tem consequências tanto visíveis como invisíveis. O efeito invisível da raiva é que ela destrói a virtude acumulada ao longo do tempo. A raiva dirigida a um Bodhisattva é particularmente destrutiva e, como não há um jeito fácil de dizer quem é ou não é um Bodhisattva, é prudente não ter raiva de nenhum ser vivo.

A paciência deve ser cultivada constantemente. Essa é a única maneira de estar preparado quando surgem circunstâncias provocadoras. Tente evitar completamente a raiva, mas se ela surgir tome medidas para que seja passageira e não se transforme em ressentimento. Podemos estar totalmente conscientes das muitas desvantagens da raiva, mas se não fizermos um esforço consciente para desenvolver a paciência teremos um acesso de fúria toda vez que formos provocados. Não expressar raiva não é uma indicação de paciência; esta não é a supressão da raiva. Paciência é a habilidade de permanecermos calmos e não ficarmos perturbados.

A PACIÊNCIA

A raiva rouba-nos nossa paz de espírito, não deixando lugar para a alegria e a felicidade. Mesmo a cama mais macia não induzirá ao sono enquanto a raiva arder. Ela faz com que nos comportemos vingativamente mesmo com os que foram mais gentis conosco. Com nossa irritabilidade perdemos amigos e alienamos pessoas a tal ponto que elas nos evitarão, embora possamos tentar ser generosos.

O *Supplement to the Middle Way* [Suplemento para o caminho do meio][17], de Chandrakirti diz:

Ela nos torna feios, leva-nos ao não sagrado
E rouba-nos o discernimento de saber o certo do errado.
A impaciência lança-nos rapidamente a maus renascimentos.

Quando o fogo da raiva queima, tornamo-nos feios, acalorados, aborrecidos e com a cara vermelha. Logo, testas franzidas, rugas e gotas de suor aparecem. A raiva perturba a nós e aos outros; tornamo-nos incapazes de distinguir entre certo e errado e, como resultado, cometemos com frequência erros sérios porque nossa mente não está clara.

Por outro lado, a paciência produz alegria, felicidade e bem-estar. Sua prática fecha a porta a maus renascimentos futuros, cria a causa para um corpo e mente fortes e, com o tempo, leva à liberação. Por meio dela desenvolvemos a estabilização meditativa do amor. A serenidade e a alegria nos tornam atraentes e radiantes de uma maneira que ultrapassa a beleza convencional. Deuses e seres humanos nos amarão e nos envolverão com sua amizade. A felicidade não é um fenômeno casual, mas resultado da virtude; e nada protege melhor a virtude que a prática da paciência.

Não é suficiente conhecer a lista de vantagens e desvantagens. Pense sobre elas diariamente, até que realmente queira tornar-se mais paciente. Lembre-se de como se sente e com que aparência fica quando está com raiva. Que alívio seria não continuar a ficar perturbado, mas usufruir paz de espírito! A essência do ensinamento do Buda, particularmente do Grande Veículo, é o amor e a compaixão. As falhas da raiva são enfatizadas tão frequentemente porque ela é totalmente contrária ao espírito do Grande Veículo e à prática da não violência.

A compaixão é sentir que é insuportável ver os outros sofrerem ou criar causas para seu sofrimento. Esses outros não são apenas humanos, e o sofrimento em questão cobre todos os níveis, mesmo os mais sutis. Embora palavras como "compaixão", usadas em diferentes tradições espirituais, sejam com frequência as mesmas, precisamos refletir se seu significado e implicações são, de fato, idênticos. A não violência em relação a seres vivos implica não apenas não violar, mas tratar com apreço até mesmo a água, a terra, o ar e as florestas que formam seu hábitat. Há muita coisa com que cada um de nós pode contribuir para esse ideal. Quando fazemos algo que sabemos ser nocivo, podemos sentir sincero arrependimento ou ser bastante insensíveis com relação ao mal causado. Nosso arrependimento ajudará a evitar repetirmos a ação. A genuína não violência, o amor, a compaixão e o desejo de ajudar são qualidades humanas nobres que qualquer pessoa pode desenvolver, não importa se é jovem ou velha, ou a que cultura pertence. Essas qualidades não são prerrogativas exclusivas dos budistas.

A PACIÊNCIA

A raiva somente pode ser superada ao identificarmos e determos suas causas. As sementes da raiva e outras emoções perturbadoras permanecem dormentes dentro de nós até que nos livremos delas completamente. Quando encontramos um estímulo e respondemos a ele com uma abordagem mental inapropriada e distorcida, surgem as emoções perturbadoras. Embora mantenhamos sementes de todo o espectro das emoções perturbadoras, elas não se manifestam com igual intensidade. Algumas pessoas são calmas e pacíficas, mas também confusas, e acham difícil aprender coisas novas; outras são rápidas para aprender, mas facilmente irritáveis. Quaisquer que sejam nossas propensões, não estamos condenados a permanecer como somos. A mudança é possível se estamos suficientemente determinados. Continue tentando e lembre-se de que mesmo o menor progresso é melhor que nada.

Será que a raiva com relação a objetos inanimados é tão séria quanto em relação a seres vivos? A raiva é sempre negativa, porém é mais perigosa quando dirigida a seres vivos. Podemos quebrar nossas melhores xícaras, mas elas não sofrem. Mais tarde, quando nossa ira se amainar, poderemos nos arrepender do arroubo e tentar colá-las.

A paciência que não leva em conta os que nos ferem é dirigida a três categorias de seres: os que nos ferem porque nós os ferimos no passado; os que nos ferem mas que não ferimos; e os que nos ferem apesar de nossa bondade para com eles. A última categoria demanda a paciência maior.

Assim como não podemos manter o voto de ordenação, a menos que nos seja conferido por um abade, ou manter as instruções para a prática, a menos que um mestre espiritual as transmita, não podemos desenvolver esse tipo de paciência sem que alguém nos fira. Nesse sentido, a pessoa que fere é nosso mestre de paciência. Quando Atisha partiu para o Tibete, levou consigo um de seus estudantes, um erudito particularmente irascível. Seus outros companheiros ficaram muito surpresos e pediram a Atisha que o deixasse para trás; mas Atisha insistiu, dizendo que aquele era seu mestre de paciência. Diz a história que, ao chegar ao Tibete, ele mandou o erudito de volta para casa, pois havia por lá mestres de paciência em abundância!

De acordo com o *Great Exposition of the Stages of the Path*, há três pontos a serem considerados para pôr fim à raiva: o objeto, ou seja, o que inflige o mal; nosso estado de espírito subjetivo; e a base. Será que deveríamos ter raiva das pessoas que nos ferem? Provavelmente nossa resposta imediata é que a raiva é totalmente justificada porque elas nos feriram intencionalmente, privaram-nos da felicidade e nos fizeram sofrer física ou mentalmente. Mas será que nos feriram a partir de seu próprio livre-arbítrio ou não? Descobriremos que não tinham escolha: a semente da raiva estava nelas, uma situação provocadora surgiu, sua resposta mental a ela foi distorcida e, como resultado, a raiva as sobrepujou.

Visto que os outros estão escravizados pela raiva e são suas vítimas, revidar com raiva é uma resposta inapropriada. Um exorcista lidando com uma pessoa possuída não se enraivece quando esta se comporta violentamente; antes, esforça-se até mais para expulsar-lhe o mau espírito. A pessoa que inflige o mal é como alguém possuído ou demente.

◆

A PACIÊNCIA

"Mas", protesta você, "os que me ferem estão em perfeita sanidade." Convencionalmente, isso é verdade, mas na realidade estão sofrendo de uma forma bem mais perniciosa de insanidade – aquela produzida pelas emoções perturbadoras – que os vem afligindo ao longo de todas as suas vidas passadas e agora afeta seu comportamento físico, verbal e mental, fazendo-os realizar muitas ações equivocadas. A compaixão é a única resposta apropriada. Os pais de uma criança demente não têm raiva quando ela se comporta de forma insana, mas apenas querem ajudá-la a recuperar um estado mental sadio.

Normalmente, as pessoas tentam a todo custo evitar o perigo e o prejuízo para si mesmas, mas por causa da raiva e de outras emoções perturbadoras são até capazes de cortar seus pulsos, pular de penhascos ou afogar-se. Será surpreendente que nos firam, quando mesmo as inibições normais associadas à autopreservação não significam nada para elas? Em vez de sentir raiva dos que nos ferem, deveríamos sentir pena de que agora estejam profundamente infelizes, tornando os outros miseráveis e criando as causas para infelicidade futura.

Será que a nocividade é uma parte integrante da natureza dessas pessoas ou não? Se é uma parte inseparável de sua natureza, nossa raiva é uma resposta desarrazoada porque elas não conseguem ser diferentes. Não nos enraivecemos com o fogo quando ele nos queima porque é da natureza do fogo ser quente e queimar. Se tal nocividade não é parte integral da natureza daquelas pessoas, mas uma aberração temporária, então também a raiva é uma reposta inapropriada. Não nos enraivecemos com o sol quando uma nuvem o encobre. A intenção nociva e a atividade nociva são manifestações passageiras que ocorrem somente quando certos fatores irritantes temporários estão presentes.

Será que eu deveria ter raiva do que está, de fato, me causando mal ou do que subjaz ao mal? No primeiro caso, eu deveria ter raiva da varinha que me bate ou das palavras que me ferem, pois causam, com efeito, a dor? Se a raiva com relação à causa indireta da minha dor – a pessoa que as emprega – parece mais lógica, eu deveria reconsiderar: com certeza, a outra pessoa não está no controle, mas está sendo manipulada por uma emoção perturbadora. Então minha raiva deveria ser dirigida a esta última.

A raiva do outro surge porque a semente de raiva está presente, mas essa semente só é ativada quando circunstâncias provocadoras ocorrem. Eu sou a circunstância provocadora que ativou a raiva; então, de forma indireta, de fato prejudiquei a pessoa que está me ferindo e sou responsável por seu mau renascimento subsequente.

Os mestres Kadampa aconselham-nos a meditar na flecha e no alvo, como forma de refletir sobre a causa-raiz da situação dolorosa. Se não estabelecemos um alvo, não há nada para a flecha atingir. O sofrimento não existe sem causa nem surge de causas incompatíveis, mas resulta de uma causa compatível: uma ação negativa realizada no passado. Esse é o alvo que nós mesmos estabelecemos. A flecha que encontra o alvo é simplesmente uma maturação daquela ação passada. Nossa experiência diária substancia isso. Se ontem nos comportamos mal com relação a alguém, provavelmente não levará muito tempo para que vivenciemos as repercussões.

◆

A PACIÊNCIA

Até agora examinamos a questão principalmente em relação ao objeto. Agora consideraremos o aspecto subjetivo. Se não conseguimos suportar uma forma relativamente menor de sofrimento, tal como o mal causado por alguém, nosso desejo de retaliação é totalmente incoerente, pois com ele criamos as causas para sofrimento muito mais intenso. É tolo nos comportarmos de forma tão ilógica.

Em seu *Supplement to the Middle Way*, Chandrakirti diz:

Se você aceita o que se diz sobre o final
Dos efeitos de ações não virtuosas passadas,
Por que atrair as sementes do sofrimento
Por meio do mal e da raiva em relação aos outros?

Uma ação negativa que realizamos no passado resultou num mau renascimento. O dano que vivenciamos agora é o restante *momentum* negativo daquela ação. Por que nos ressentimos da pessoa que nos ajuda a finalizar os efeitos de nossos erros prévios? Na verdade, ela está nos fazendo um favor. Nós voluntariamente nos submetemos a tratamento médico desagradável, até a uma operação, para evitar sofrimento mais intenso. Se tentamos retaliar quando feridos, simplesmente perpetuamos todo o ciclo.

Quando as pessoas ficam com raiva de nós, com frequência tentam trazer-nos para sua dinâmica. Será que deveríamos escapar o mais rápido possível: ouvir calmamente e dizer-lhes que estão dominadas por sua raiva, ou aquiescer a suas demandas, tendo em mente que o sofrimento envolvido é o resultado de uma ação não saudável que realizamos previamente? Praticar paciência significa permaneccermos calmos e não nos perturbarmos, mas isso não exige que nos permitamos ser manipulados ou explorados por outros com suas emoções perturbadoras.

Dizer grandes verdades aos outros enquanto estão num acesso de cólera é contraproducente. Até sermos gentis pode simplesmente torná-los mais irados. Provavelmente, é melhor deixá-los em paz. Qualquer discussão deve acontecer quando eles estão num estado mental calmo e racional. A situação dolorosa é um resultado de nossas ações do passado, mas não devemos buscar mais sofrimento como meio de finalizar o *momentum* dessas ações. Devemos tomar medidas para evitar sofrimento adicional e purificar as causas subjacentes que poderiam despertá-lo, a saber, as marcas das ações passadas que ainda não frutificaram. Quando o sofrimento é inevitável, devemos tentar aceitá-lo como consequência natural do que fizemos.

Não devemos desperdiçar nossa energia física e mental buscando sofrimento nem objetivos triviais, mas fazer o que trará felicidade duradoura, agora e no futuro. Nosso corpo é tão vulnerável como um furúnculo purulento, pronto para eclodir em intenso sofrimento à menor circunstância. É difícil cuidar dele; sua condição não pode ser muito aperfeiçoada e é extremamente frágil. Contudo, visto que buscamos a felicidade duradoura que só pode ser atingida por meio da prática espiritual, precisamos deste corpo e devemos cuidar bem dele. Uma analogia do *Commentary on the Four Hundred on the Yogic Deeds of Bodhisattvas* [Comentário sobre as quatrocentas [estrofes] sobre os feitos ióguicos de Bodhisattvas], de Chandrakirti[18], fala do filho de um mercador rico que era ligado a um ladrão. Não fica claro se estavam unidos por laços físicos ou emocionais. Como o mercador queria cuidar de seu filho, era também obrigado a cuidar do ladrão. Se queremos cuidar de nossos interesses espirituais, precisamos cuidar de nosso corpo.

Em vez de ficar enraivecidos, praticando a paciência nos aproximamos da iluminação e criamos energia positiva. Por que deveríamos ter raiva dos que nos fornecem essa oportunidade? Os que nos ferem e nos causam sofrimento ignoram a conexão que existe entre as ações e seus efeitos; se retaliamos, não somos melhores que eles, pois também a ignoramos.

Ouvidores e Realizadores Solitários, ocupados com a liberação pessoal, fazem grande esforço para superar a raiva. É uma contradição afirmarmos querer praticar o ensinamento do Buda – particularmente o do Grande Veículo –, esperarmos nos tornar iluminados, a fim de cuidar de todos os seres vivos – que são como nossas mães –, e todavia darmos rédeas largas à nossa raiva e com isso ferir os outros.

A inteligência é necessária para ganharmos qualquer forma de conhecimento e é particularmente indispensável para a grande transformação que esperamos operar com a meditação. A compaixão, o amor e a paciência só podem ser desenvolvidos por meio da meditação analítica inteligente. Esses sentimentos são então sustentados pela meditação de posicionamento. A meditação analítica capacita-nos, em primeiro lugar, a evitar a raiva e a dissolvê-la, caso ela surja. O problema é que não estamos realmente dispostos a levar a sério os conselhos dos grandes mestres!

AS SEIS PERFEIÇÕES

Podemos conseguir manter-nos calmos diante de provocações; mas, se os elogios, recompensas, respeito e serviços dos outros nos atraem e nos excitam, nossa prática da paciência não será confiável, pois as oito preocupações mundanas nos impedirão de praticar com pureza. Agrada-nos quando nós e nossos estimados estamos felizes, recebemos elogios e recompensas e desfrutamos boa reputação. Sentimo-nos aborrecidos e irritados quando nós ou eles estão infelizes, são criticados ou difamados, ou não recebem presentes e recompensas. Quanto a nossos inimigos, sentimos aborrecimento quando desfrutam boa sorte, e prazer quando não desfrutam.

Contudo, felicidade, honraria, reputação e recompensas tendem a fazer-nos arrogantes, distraem-nos da virtude, diminuem nossa aversão à existência cíclica e aumentam nossa inveja dos que as desfrutam em igual ou maior medida. Quanto mais aquelas têm valor para nós, mais perturbados nos sentimos quando alguém nos impede de recebê-las. Somente nossa própria energia positiva pode realmente nos valer e ela não pode ser aumentada por elogio, recompensa ou reputação. Estes não podem nos assegurar longa vida, boa saúde ou força física, nem ajudar-nos no futuro; podem trazer-nos alguma alegria e satisfação passageiras, porém existem fontes de alegria melhores e mais confiáveis. Por que ficamos transtornados quando o que desejamos nos escapa? Somos como crianças que constroem castelos de areia, inúteis como abrigo, e choram quando eles desmoronam ou são varridos por uma onda.

Longe de ficar com raiva dos que nos impedem de receber o que desejamos, sejamos agradecidos porque nos protegem de um mau renascimento e asseguram que tenhamos menos inimigos e menos pessoas que nos invejam. Dessa forma, somos mais capazes de nos concentrar na virtude, estamos menos distraídos por preocupações sem sentido e podemos, portanto, libertar-nos com mais facilidade dos grilhões do apego, o que fecha a porta para o sofrimento. Se não formos apegados à aprovação, não ficaremos com raiva quando formos desacreditados porque não somos mais motivados pelo ímpeto competitivo de superar os outros, ou pela necessidade de aclamação.

Quando elogiado, sempre avalie se o elogio é justificado e se você tem realmente as qualidades pelas quais foi louvado. Se as possui, alegre-se sem orgulho ou convencimento. Quando for criticado, examine-se honestamente para ver se possui ou não aquela falha. Se a possui, pode tomar medidas para livrar-se dela. Se não, a crítica foi mal dirigida e não há nada de que se enraivecer, pois, a seu tempo, sua impropriedade ficará aparente aos outros. Uma atitude mais descontraída e serena com relação a elogio e censura poupará você de muita raiva e infelicidade.

Porém, mesmo que comecemos a sentir um maior senso de equanimidade com relação a esses assuntos, será que suportamos ver um amigo ou colega de trabalho receber um prêmio ou elogio que não recebemos quando ambos fizemos o mesmo trabalho? E como respondemos quando nosso inimigo é maltratado ou caluniado? Refletir sobre nossos sentimentos em tais situações coloca nosso progresso em perspectiva.

O ensinamento de como praticar a paciência desafia-nos a agir de uma forma que contradiz totalmente as normas convencionais de comportamento. No mundo, elogio, recompensa, respeito e serviço são considerados altamente desejáveis, mas os ensinamentos chamam nossa atenção para os perigos que subjazem a nossa resposta àqueles.

Para pôr fim à raiva, também é essencial reconhecermos e evitarmos suas causas. Em sua raiz encontram-se nossa concepção errônea do eu e nossa autopreocupação. O eu e sua felicidade parecem-nos de suma importância. Tudo o que chamamos de nosso e vemos como contribuindo para essa felicidade deve ser guardado e protegido. Qualquer coisa que suspeitamos poder impedir ou interferir com o que nós (ou aqueles que amamos) queremos é uma ameaça. Qualquer pessoa que faz ou pode fazer o que nós (ou aqueles que amamos) não queremos nos torna infelizes. A infelicidade alimenta e nutre a raiva; essa raiva fere os outros e, com frequência, também a dirigimos contra nós mesmos num impulso de autodestruição que surge quando nos sentimos infelizes e inúteis.

Como evitar a infelicidade? Cultivando e fomentando conscientemente seu oposto: a felicidade. Quando uma situação nos torna infelizes ou tem o potencial de fazê-lo, o meio mais eficaz de deter a infelicidade é superarmos a tendência a rejeitar o que está acontecendo. Não há necessidade de nos sentirmos infelizes se podemos alterar a situação. Nesse caso, nossa energia é mais bem dirigida para ocasionar a mudança. Pensarmos obsessivamente sobre quão injusta e indesejável é a situação absorve nossa energia e nos impede de encontrar um caminho para resolvê-la. Se não podemos fazer nada para mudar as circunstâncias, nossa falta de aceitação e ansiedade são inúteis e apenas aumentam nossa aflição. Permanecendo calmos, estaremos mais bem equipados para lidar adequadamente com a experiência. A paciência de aceitar voluntariamente adversidades consiste em transformar em adornos as dificuldades que encontramos. Se queremos ser felizes, precisamos nos esforçar para deter a infelicidade.

Quando as pessoas dizem palavras desagradáveis, degradantes, críticas ou depreciativas, não podem ferir nossa mente, visto que a mente não tem forma e é imune a ferimentos por palavras. Tampouco podem ferir nosso corpo. Perceber que na verdade somos invulneráveis àquelas palavras nos torna fortes e não dá chance para que a infelicidade surja. Podemos reconhecer isso mas mesmo assim sentir raiva porque os que zombam, desdenham ou nos difamam pelas costas voltam os outros contra nós e nos impedem de receber o elogio, as recompensas ou a popularidade que desejamos. Precisamos, de qualquer forma, deixar para trás a honra e a glória quando morremos; mas teremos de vivenciar os frutos de nossa raiva no futuro. É melhor morrermos cedo sem elogio, recompensas ou renome, do que vivermos muito e realizarmos muitas ações não saudáveis, na busca do que desejamos.

Sentimos automaticamente desprazer quando nossos inimigos prosperam, e prazer quando sua sorte declina. Por que não podemos suportar vê-los prosperar? Isso é incoerente com nossa declaração de sermos praticantes do ensinamento do Buda e seguidores do Grande Veículo, e incompatível com nosso desejo ostentado de atingir a iluminação para o bem de todos os seres vivos.

AS SEIS PERFEIÇÕES

Muitos de nós recitamos diariamente palavras expressando a intenção de trazer todos os seres à iluminação – a forma mais elevada de felicidade – e, no entanto, concedemos de má vontade a pequena felicidade que extraem de elogios, recompensas ou boa reputação. Por que, em vez disso, sem inveja, não nos alegrarmos ao vê-los prosperar? Pais responsáveis e bons sentem-se felizes ao ver suas crianças capazes de se erguerem sobre os próprios pés. Visto que assumimos responsabilidade sobre os seres vivos, por que não sentir prazer quando eles florescem? Somos hipócritas e insinceros se não o sentimos. De qualquer forma, para que serve nosso desprazer? Não os impedirá de ser elogiados, receber presentes ou desfrutar boa reputação.

E por que ficamos alegres quando aqueles de quem não gostamos estão em dificuldade? Ficaríamos contentes em vê-los vivenciar doenças, perda de riqueza e propriedade, separação de amigos e amados e várias outras calamidades; mas nada disso acontecerá só porque o desejamos. Nossos pensamentos malévolos prejudicam-nos muito mais que aos outros. Mesmo que esses desastres os acometessem, que bem fariam a nós? Poderíamos vivenciar alguma satisfação passageira, mas para que serve tal alegria pervertida?

Quando ouvimos que alguém de quem não gostamos está em dificuldades ou, ao contrário, está desfrutando uma prosperidade inesperada, levamos a notícia para casa e a remoemos quando estamos sozinhos. Observe como você reage; não ficará infeliz ou com raiva se a boa sorte deles não lhe causar desprazer.

A PACIÊNCIA

A intenção desse debate interior usando a lógica e a razão é persuadir-nos de que, em todas as circunstâncias, a raiva é uma reação inapropriada. A cada vez que dizemos: "Mas certamente nesta situação a raiva é justificada", introduzimos novos argumentos para provar que não é. Aqueles que rejeitam a validade da meditação analítica privam-se desse instrumento poderoso para combater a raiva, visto que essa meditação requer exame da motivação e respostas pessoais e usa uma técnica dialética. Tais pessoas só podem tentar suprimir todos os pensamentos.

A concentração não é limitada à prática da meditação de posicionamento. A meditação analítica também requer o desenvolvimento de intensa clareza e forte estabilidade. Ambos os tipos de meditação são essenciais se queremos superar nossos obstáculos interiores. Assim como um bom orador atém-se ao tópico e não divaga sobre assuntos irrelevantes, também na meditação analítica o pensamento discursivo fica limitado ao tópico sob consideração e não lhe é permitido vaguear livremente.

Desses argumentos que demonstram a impropriedade da raiva, escolha os que acha eficientes e use-os em sua meditação analítica. Sua variedade pode, a princípio, parecer esmagadora e desnecessária, mas, já que a perfeição da paciência é uma prática de Bodhisattva, uma multiplicidade de abordagens é apresentada. Quanto mais combustível, mais forte arde o fogo. Quanto mais abordagens empregadas, mais rica e forte se torna a prática da paciência.

Temos identificado a paciência que não leva em conta aquele que fere, considerado como cultivá-la, como lidar com a raiva, como desenvolver a equanimidade diante de elogios, censuras e outras situações potencialmente perturbadoras, e como dar fim aos sentimentos de prazer e desprazer diante do azar e da prosperidade de nossos inimigos. Entender esses pontos e praticá-los corretamente promove a paciência.

Mesmo que obtenhamos a habilidade de permanecer calmos com os que nos ferem direta ou indiretamente, como poderemos suportar as dificuldades e o sofrimento que, no entanto, continuam a surgir? Como transformá-los num adorno e tirar algum proveito deles? Em *Engaging in the Bodhisattva Deeds,* Shantideva diz:

> *As causas da felicidade são intermitentes*
> *E há muito mais causas para a dor.*
> *Sem a dor não há o desejo de liberação,*
> *Portanto, mente, permaneça firme.*

As condições que promovem a felicidade são poucas e espaçadas, enquanto as que produzem o sofrimento estão sempre presentes. A existência cíclica está cheia de sofrimento – o sofrimento da dor, o da mudança e o sofrimento difuso do condicionamento. A menos que estejamos dispostos a encarar isso, nunca desenvolveremos o desejo de sermos livres. Se pudermos aceitar e suportar o sofrimento calmamente, sem ficar transtornados, poderemos transformá-lo num caminho espiritual. Se não pudermos, sentiremos raiva, ódio, frustração e desencorajamento, e essas emoções agirão como um obstáculo não apenas para desenvolvermos *insights* mais elevados, mas até mesmo para a prática mais básica da virtude.

A PACIÊNCIA

Alguns sofrimentos são claramente infligidos por outras pessoas; alguns não precisam de circunstâncias especiais para precipitá-los: são simplesmente o resultado de ações passadas; outros tipos ocorrem somente quando tentamos praticar a virtude e cessam assim que paramos. Quando ações passadas produzem seus resultados, com frequência muito pouco pode ser feito para deter o sofrimento. Uma habilidade de vê-lo como um adorno é essencial. Se não lutarmos contra ele, só teremos de lidar com a dificuldade real, a qual diminui ao ser usada construtivamente.

Como isso é feito? As ações negativas do passado só podem chegar a um fim de duas maneiras: ou as purificamos antes que amadureçam, ou vivenciamos suas consequências. Quando os outros o ferirem, intencionalmente ou não, quando estiver infeliz ou sofrendo, tente não ficar perturbado, mas faça o que puder para pôr fim ao sofrimento; se ele for inevitável, aceite-o de bom grado. Lembre-se de que é a consequência de suas próprias ações negativas passadas e de que, por meio da bondade de seus mestres espirituais e dos Budas, essa experiência agirá como catalisador, concluindo o *momentum* negativo gerado por aquelas ações. Expresse o desejo de que esse sofrimento possa substituir o de outras pessoas e reze para que o oceano de sofrimentos, no qual os seres vivos estão se afogando, seque. Se estiver tentando praticar a virtude, pense que, pela força de sua prática, ações negativas passadas chegaram à fruição neste sofrimento humano relativamente suave, em vez de num mau renascimento.

Quando seus haveres diminuírem, lembre-se de que riqueza e propriedades acarretam muitos problemas associados à sua aquisição e segurança. Se possuímos um carneiro, temos as preocupações do tamanho de um carneiro; se possuímos um elefante, do tamanho de um elefante! Possuir menos significa menos preocupações e menos obstáculos para praticar os ensinamentos, contanto que se cultive o contentamento.

Para desenvolver a aceitação voluntária das adversidades, reflita sobre as desvantagens da felicidade e as vantagens do sofrimento. A felicidade leva com frequência à excitação e às emoções perturbadoras – especialmente o anseio –, enquanto a infelicidade é um lembrete para evitarmos a não virtude. A felicidade é o resultado de virtude e de energia positiva que se esgotarão, a menos que criemos novas reservas. Dedique a felicidade e a virtude que a causou ao bem de todos os seres vivos. Dedicá-la significa não se apegar egoisticamente a ela, mas compartilhá-la. Se não tivermos um bom caráter, elogios nos tornarão convencidos e arrogantes. Embora desagradável de ouvir, a crítica ajuda-nos a identificar nossas falhas.

Contemplar esses diferentes pontos pode nos ajudar a desenvolver uma atitude mais equilibrada. Reconhecer os perigos da felicidade e os benefícios do sofrimento é relevante para os três níveis da prática. Se estamos tentando obter *insights* segundo as práticas dos de menor capacidade, é essencial compreendermos a futilidade das preocupações com a felicidade passageira desta vida. Faz sentido sacrificar o que é menos significativo pelo que é duradouro e, por conseguinte, de mais importância – o bem-estar em vidas futuras. Isso envolve tomar sincero refúgio, pensando sobre a conexão entre as ações e seus efeitos e sobre o que deveria ser cultivado e o que deveria ser descartado. Evitar e purificar ações negativas e criar virtude envolve dificuldades. Se pudermos aceitá-las de bom grado e vê-las como um adorno, isso terá implicações profundas para nosso bem-estar futuro.

A assim chamada felicidade de bons renascimentos é arruinada por adversidades e sofrimentos. Visto tratar-se de felicidade contaminada, é instável, não confiável e leva a mais sofrimento. Vendo as desvantagens de tal felicidade, exercite-se em disciplina ética, concentração e sabedoria para obter a liberdade da existência cíclica. Sem aceitarmos voluntariamente as dificuldades que esse treinamento acarreta, não podemos obter a liberdade. O sofrimento que vivenciamos não é um tipo de punição que nos foi imposta, mas consequência natural de nossas ações.

Mesmo a felicidade da liberação pessoal ainda tem suas armadilhas. Enquanto falharmos em reconhecer as muitas desvantagens da autopreocupação, não poderemos realmente querer bem ao outro. Sem querermos bem ao outro, não podemos gerar a intenção altruística nem ser verdadeiros praticantes do Grande Veículo. A fim de atingir a iluminação para o bem de todos os seres vivos, devemos praticar as Seis Perfeições. Isso envolve muitas adversidades. Como podemos ter esperanças de aperfeiçoar a generosidade, a ética, a paciência, o esforço entusiástico, a concentração e a sabedoria sem voluntariamente aceitarmos dificuldades? Ver as adversidades como um adorno é vê-las como uma oportunidade e um trunfo. Se começarmos aceitando de bom grado pequenas dificuldades, nossa capacidade aumentará gradualmente.

É sensato aceitar dificuldades relativamente menores a fim de evitar intenso sofrimento mais tarde. Reconhecer que é possível extrair ouro de sofrimento inevitável estimula-nos à prática. O Buda apontou primeiramente nosso sofrimento, depois indicou suas causas e demonstrou como podemos nos libertar. Pensar sobre os vários tipos de aflição que vivenciamos desperta-nos o desejo pela liberdade e incita-nos à liberação.

O sofrimento demonstra até que ponto somos governados por ações contaminadas, sustentadas por emoções perturbadoras. Ele diminui nosso orgulho e arrogância, que são obstruções para ganharmos *insights*. Nosso forte desejo instintivo de não sofrer lembra-nos de que precisamos evitar criar as causas do sofrimento, o que nos leva ao cuidado para não agirmos nocivamente e aumenta nosso senso de autorrespeito e decência. Se queremos a felicidade, devemos estabelecer as condições para ela. Portanto, o sofrimento pode nos encorajar à prática da virtude. Sempre estivemos na existência cíclica e vivenciamos sofrimentos ilimitados, incluindo os do nascimento, envelhecimento, doença e morte, a cada vez, repetidamente. Quando contemplamos o fato de que os outros estão na mesma situação precária, surgem a empatia e a compaixão.

Já suportamos voluntariamente adversidades inenarráveis em nossa busca inútil de prazer por meio dos objetos dos cinco sentidos, mas ela não trouxe nada de valor duradouro para nós ou para os outros. A verdadeira sabedoria está em aceitarmos de bom grado as adversidades envolvidas em fazer o que é significativo e benéfico para nós e para os outros. Quando, como resultado disso, nos sentimos cansados física ou mentalmente, devemos lembrar que tal comportamento nos convém e é uma maneira valiosa de realizarmos nosso potencial humano.

É possível encarar o sofrimento como felicidade. Se aceitarmos as dificuldades de bom grado, cada adversidade que enfrentarmos simplesmente aumentará nossa coragem. Se nos faltar coragem, até mesmo as doenças e os problemas dos outros – para não falar dos nossos – nos assustarão. Quando as pessoas se cortam ao cozinhar, geralmente perdem a mesma quantidade de sangue, mas uma lida calmamente com esse pequeno acidente, enquanto outra faz um grande estardalhaço. A coragem ajuda-nos a viver mais porque não estamos num constante estado de ansiedade!

Assim como o dia é seguido pela noite, e a noite pelo dia, bons e maus períodos se sucedem. Quando houver maus períodos, tome coragem e pense que o sofrimento não durará para sempre. Quando as coisas forem bem, não fique muito apegado a essa felicidade fugaz; lembre-se de que, com certeza, dificuldades advirão novamente. Somente ao atingir a liberação e a iluminação poderemos viver ao sol o tempo todo.

Algum sofrimento ocorre quando tentamos praticar a virtude, mas cessa assim que paramos. Para os que levam uma vida celibatária como ordenados, os requisitos básicos são as roupas de ordenado, donativos, um colchão, uma almofada de meditação e alguns remédios. Quando o que recebemos é de má qualidade, ou muito pouco, dado com condescendência, ou não prontamente, não devemos sentir desprazer ou transtorno, mas aceitar de bom grado essas privações. Isso nos fornece a oportunidade de cultivar o contentamento e poucos desejos e de adotar um estilo de vida de acordo com a disposição dos seres elevados, que se contentam em viver de donativos, tendo apenas as três roupas de uma pessoa ordenada, dormindo num simples colchão e rejubilando-se na meditação e na eliminação das emoções perturbadoras, assim como das faltas que precisam ser descartadas.

Como ordenado, a pessoa deve raspar a cabeça e a barba e vestir roupas não atraentes, com muitos remendos. Isso parece feio pelos padrões comuns, mas deveríamos aceitar de bom grado as adversidades envolvidas em abrir mão de tudo o que é associado ao estilo de vida convencional, por causa dos benefícios que isso acarreta – a nós e aos outros – quando o praticamos sinceramente.

Os que o ajudam não podem contribuir para seu aprimoramento da paciência; já os que o ferem auxiliam involuntariamente nesse processo. Por isso, respeite-os como seres iluminados, dê-lhes presentes e, longe de ter raiva deles, tente ajudá-los. Seres iluminados e não iluminados são igualmente preciosos como campos por plantar sementes de tudo de bom que desejamos.

Muitos dos grandes praticantes do passado conseguiram a perfeição devotando-se à felicidade dos outros. Embora as qualidades dos seres iluminados e dos seres comuns sejam muito diferentes, ambos são dignos de nossa veneração porque obtemos a iluminação por meio de relações com os dois. Uma mãe fica feliz quando somos gentis com sua amada criança. Não há melhor maneira de agradar os Budas – para quem todas as criaturas são como crianças amadas – que cuidar e trazer felicidade aos seres vivos. Ao ajudá-los, indiretamente ajudamos a nós mesmos, e ao feri-los ferimos a nós mesmos. A prática da não violência é impossível sem a paciência.

Obter pacientemente a certeza com relação aos ensinamentos envolve ouvir as palavras, absorver seu significado, pensar nele até ganharmos um senso de convicção e então integrar o que compreendemos à nossa vida diária, contemplando-o repetidamente. Essa forma de paciência e a aceitação voluntária das adversidades podem ser praticadas em qualquer lugar e a qualquer hora. Os aspectos formais da prática, tais como sentar numa boa posição de meditação com a consciência dos benefícios que isso traz, perseverar nas práticas que nos comprometemos a fazer diariamente, mesmo quando não temos vontade, ou decorar textos, envolvem ambos os tipos de paciência.

A paciência de obtermos certeza com relação a nossos objetos de fé é desenvolvida por meio do aprendizado das qualidades físicas, verbais e mentais dos seres iluminados, e do cultivo da apreciação, convicção e aspiração com relação a eles. A paciência de obtermos certeza com relação a objetos que devem ser percebidos diretamente envolve primeiro uma compreensão intelectual da inexistência de um eu de pessoas e de outros fenômenos. Essa compreensão é cultivada e aprofundada até se tornar uma percepção direta.

Se apreciarmos e valorizarmos os ensinamentos, nosso comportamento físico e verbal expressará nossa confiança e respeito pelo Buda, que os originou, assim como por aqueles que os transmitem a nós. Reverenciaremos os livros que contêm os ensinamentos e não os trataremos como talvez tratemos um romance barato.

Uma vez, quando eu vivia em Bengala Ocidental, logo que nos exilamos do Tibete, um amigo tinha de levar um texto importante para um velho abade. Quando chegou à sua porta, o ancião fez sinal que esperasse, levantou-se, acendeu um incenso e, com grande dignidade, carregou cerimoniosamente o texto para dentro da sala. Então, reverentemente, colocou-o numa prateleira e fez três prostrações para ele. Meu amigo ficou surpreso e muito impressionado com tal veneração.

No Tibete, quando a palavra do Vitorioso – a coleção dos sutras do Buda – era trazida a um monastério, os monges, usando suas vestes amarelas, enfileiravam-se para dar-lhe boas-vindas com incenso, trompas, trombetas e muita pompa e cerimônia. Quando as plantações estavam amadurecendo, os fazendeiros convidavam uma procissão de monges para carregar a coleção de sutras do monastério local pelo perímetro de seus campos, para proteção.

Se havia perigo de um rio transbordar suas margens, os monges sentavam-se nas proximidades e liam os sutras. Embora isso nem sempre detivesse a inundação do rio, com frequência ajudava a minimizar seus efeitos. As pessoas tinham fé no poder da verdade e no poder do corpo, palavra e mente iluminados. Por sua convicção, coisas extraordinárias aconteciam.

As estátuas não são seres iluminados, nem os textos são realmente as palavras do Buda, mas vê-los como tais nos traz grandes benefícios. Se profanamos ou destruímos estátuas e queimamos livros, isso não fere os seres iluminados, mas a nós mesmos.

Os seres humanos querem a felicidade. Muitos fatores contribuem para isso, mas uma fonte importante de felicidade é ter aquilo de que precisamos, o que é resultado de praticarmos a generosidade. Também precisamos ter um corpo e mente fortes para usar e apreciar os frutos de nossa generosidade. A disciplina ética de corpo, fala e mente leva a isso. Por meio da generosidade e da disciplina ética criamos muita energia positiva, mas a paciência é necessária para salvaguardá-la do poder destrutivo da raiva. A intenção do Buda era mostrar aos seres vivos como encontrar a felicidade, não como formar um tipo de clube exclusivo. Todos nós podemos seguir seus preciosos conselhos.

Em seu *Summary of the Stages of the Path*, Je Tsongkhapa elogia a paciência dizendo:

> *A paciência é o mais belo adorno do poderoso,*
> *A melhor austeridade para açoitar as emoções perturbadoras.*
> *É o Garuda*[19]*, a serpente do inimigo da raiva,*
> *E um escudo firme contra as armas da linguagem áspera.*
> *Sabendo disso, acostume-se de todas as maneiras*
> *À armadura sólida da suprema paciência.*

Capítulo 4

O ESFORÇO ENTUSIÁSTICO

A iluminação é certamente possível para os preparados a incluir o esforço entusiástico na prática dos feitos de Bodhisattvas. As duas grandes reservas de mérito e *insight* necessárias para a iluminação não podem ser criadas sem tal esforço entusiástico. De fato, todos os tipos de bem-estar a que aspiramos nesta e em vidas futuras dependem do esforço jubiloso. Se as coisas pudessem ser conseguidas pela preguiça, seu oposto, já teríamos conseguido todos os nossos objetivos há muito tempo.

O esforço entusiástico é o deleite na virtude. Não é um entusiasmo por atividades não saudáveis, às quais com frequência devotamos muito esforço, nem é meramente o empenho zeloso para criar virtude, apesar de uma relutância interna. Quando deleite e entusiasmo verdadeiros estão presentes, o estresse e a fadiga não ocorrem.

Há três tipos principais de esforço entusiástico: o esforço entusiástico como armadura, o esforço entusiástico na criação de virtude e o esforço entusiástico no trabalho para os outros[20].

O esforço entusiástico como armadura consiste em estarmos preparados para fazer o necessário, ir tão profundamente e continuar por quanto tempo for preciso para atingirmos um objetivo positivo. Com ele estaríamos preparados para passar uma vida inteira, mesmo eternidades, em renascimentos infernais e suportar todas as dificuldades para ajudar um único ser. Sem tal esforço, somos impacientes e queremos atingir nossos objetivos em pouco tempo e com o menor empenho possível. Tal atitude é um obstáculo para o modo de vida dos Bodhisattvas e uma indicação de que levará um longo tempo para atingirmos a iluminação. O esforço entusiástico como armadura nos acelera em nosso caminho.

O esforço entusiástico na criação de virtude é o deleite em praticar as Seis Perfeições. O esforço entusiástico em trabalhar pelos seres vivos envolve devotarmos dedicadamente nossa energia física e recursos para ajudá-los e nos engajarmos alegremente nas onze maneiras de trabalhar para eles, já discutidas.

Em seu *Three Principal Aspects of the Path* [Três principais aspectos do caminho][21], Je Tsongkhapa diz:

O ESFORÇO ENTUSIÁSTICO

Criança, quando tiver compreendido adequadamente
Os pontos importantes dos três principais caminhos,
Busque a reclusão e, com forte entusiasmo,
Assegure rapidamente o bem de todas as vidas futuras.

Três tipos de preguiça impedem-nos de fazer o que Tsongkhapa recomenda: a procrastinação, o envolvimento em atividades triviais e o desencorajamento. A preguiça impede-nos de atingir qualquer coisa útil e é um meio fértil de crescimento para todas as emoções perturbadoras. É fácil sermos extremamente ocupados e preguiçosos ao mesmo tempo!

O que faz com que adiemos nossa prática da virtude? Pode ser um vício de ociosidade ou de dormir; pode ser o apego ao prazer. Nós a adiamos porque não temos maus estados de renascimento e não temos aversão à existência cíclica. Será que uma ou todas essas hipóteses o afligem? O tempo passa enquanto continuamos a postergar o que em nosso coração sabemos precisar fazer.

Sentimos prazer em muitos tipos de atividades triviais e avidamente nos engajamos nelas. Quase tudo o que desfrutamos encaixa-se nessa categoria. A sensação de realização e reconhecimento advinda de atividades perigosas e árduas, tais como escalar montanhas ou velejar sozinho ao redor do mundo, traz alguma felicidade passageira. Porém, tais atividades não trazem benefício duradouro para nós ou para os outros e são tidas como triviais ou mesmo prejudiciais, já que, sob uma perspectiva diferente, são um desperdício de nosso potencial humano.

Sentimo-nos desencorajados pela extensão das práticas e desestimulados pela dificuldade em compreender a filosofia que subjaz a elas, mas na verdade nosso impressionante vigor físico e mental permite-nos fazer e compreender o que quisermos. Esse é nosso maior tesouro e recurso. Será que o verdadeiro significado de nossa vida humana é apenas cuidarmos de nossos amigos e amados e destruirmos nossos inimigos? Será que realizamos nosso potencial humano competindo e oprimindo-nos uns aos outros? Em vez disso, podemos descartar a preguiça que nos obstrui, usar nossa inteligência para nos livrarmos das despóticas emoções perturbadoras e permitirmos que a verdadeira bondade cresça em nossos corações. Sabemos disso, mas relutamos em deixá-lo mudar nossas vidas. Shantideva diz:

> *Essa liberdade e boa sorte são muito difíceis de encontrar*
> *Tendo obtido o que pode realizar os objetivos de um ser vivo,*
> *Se eu não usá-lo bem agora,*
> *Como conseguirei a mesma graça mais tarde?*

Ele nos lembra que, se fizermos esforço enquanto temos a liberdade e a boa sorte que usufruímos no presente, certamente poderemos nos libertar do sofrimento; então devemos usar o navio de nosso precioso renascimento humano para atravessar o oceano selvagem da existência cíclica.

Uma preciosa vida humana como esta é rara e especial, pois estamos livres das oito condições adversas. Quatro dessas são os estados não humanos, como: seres infernais, animais, espíritos famintos e seres celestiais com vidas extremamente longas. O sofrimento daqueles em maus renascimentos é tão intenso que eles não podem pensar na prática espiritual. Os seres celestiais com longas vidas ficam absorvidos em prazeres sensuais ou no prazer da concentração e não podem desenvolver a aversão à existência cíclica. Seus corpos e mentes não são adequados como base para nenhum tipo de voto.

Há quatro estados humanos que impedem a prática espiritual, o mais sério dos quais é manter os pontos de vista errôneos, tais como os de que não há vidas passadas e futuras, ou o de que não há conexão entre as ações e seus efeitos. São também sérios impedimentos: nascer como bárbaro em um lugar remoto, onde não há acesso aos ensinamentos budistas; nascer num tempo em que os ensinamentos do Buda não existem no mundo; ter faculdades defeituosas.

Boa sorte significa desfrutar condições conducentes. Cinco tipos de tal sorte são pessoais: nascer como ser humano; nascer em um lugar onde os ensinamentos existem e há homens e mulheres ordenados; possuir faculdades saudáveis; não ter criado nenhuma ação seriamente negativa – como as cinco ações extremamente graves e as cinco ações quase tão graves[22] –; e ter confiança nos mestres espirituais, nos três tipos de treinamento e nos textos que contêm instruções sobre eles. Cinco tipos de boa sorte são circunstanciais: a de que um Buda tenha aparecido no mundo; que ele tenha acendido a luz dos ensinamentos; que esses ensinamentos estejam vivos na medida em que haja pessoas que os ouvem, pensam e meditam sobre eles; que haja aqueles que podem ser vistos como modelos por sua prática exemplar dos ensinamentos; e que apoio e encorajamento para os praticantes estejam disponíveis.

AS SEIS PERFEIÇÕES

É irrelevante o número de seres humanos existentes no mundo, pois um renascimento humano de lazer e boa sorte permanece raro, enquanto não criamos a virtude excelente que lhe dá ensejo. Se o fizemos, uma boa vida humana nos é assegurada. Não precisamos de um mapa astrológico ou de um oráculo para saber que tipo de renascimento está por vir; basta olhar para nosso coração e mente.

De todas as pessoas no mundo, quantas ouviram os ensinamentos do Buda? E, dessas, quantas têm um genuíno desejo de colocá-los em prática? Quantas dessas pessoas que desejam praticar têm a oportunidade de fazê-lo? A virtude vigorosa e a energia positiva necessárias para criar tal situação surgem por meio da prática da ética, da paciência e da generosidade.

Qualquer um com verdadeira convicção de que ações nocivas trazem sofrimento e ações saudáveis trazem felicidade fará um esforço enérgico para descartar a conduta destrutiva e cultivar pensamentos e comportamento construtivos. O caminho pacífico da não violência consiste na coibição das ações físicas e mentais prejudiciais, e está baseado no não apego, na ausência da raiva e de confusão mental. Para seguir esse caminho precisamos entender bem o que constituem a violência e a não violência e quais são seus resultados. A prática da não violência é a quintessência do budismo, e quem a vive, abandonando as ações nocivas e encorajando outros a fazer o mesmo, é um verdadeiro praticante e um bom ser humano. Faça sua vida valer a pena antes que seja tarde demais; sua afortunada situação presente pode mudar a qualquer momento. A morte nunca está mais distante do que uma respiração e depois

O ESFORÇO ENTUSIÁSTICO

dela precisamos assumir um novo renascimento, no qual talvez não desfrutemos as mesmas oportunidades.

Para desenvolver o esforço entusiástico precisamos superar a preguiça, descobrindo e eliminando suas causas. Ambos os tipos de meditação, a analítica e a de posicionamento, são usados na maioria das práticas meditativas, tais como combater as emoções perturbadoras, contemplar as maravilhosas qualidades do corpo, fala e mente iluminados, ou cultivar o amor e a compaixão. Tendo preparado a sala e se sentado em sua almofada de meditação, vista sua armadura do esforço entusiástico. Criar a intenção de concentrar-se no objeto focal sem nenhuma distração durante toda a sessão – não importa que tipo de meditação empregue – é colocar a armadura do esforço entusiástico. Protegido por ela, enxote a sonolência e a letargia. Quando se sentir sonolento ou tentado a adiar sua prática, lembre-se de que os velhos não morrem necessariamente antes dos jovens. Pense sobre qualquer coisa que o inspire ao senso de urgência, até que o entusiasmo pela prática surja.

Tudo o que o Buda ensinou, tanto os sutras como os tantras, é para meditação e para aplicação prática. A sobrevivência de seus ensinamentos é ameaçada quando as pessoas pensam que os sutras e tantras são para recitação ou transmissão oral, e que o que deve ser praticado na meditação deve ser buscado em outro lugar. Vale a pena mantermos vivo o ensinamento do Buda, por causa dos benefícios que sua prática confere a nós e aos outros. Nenhum mestre mais sábio, mais compassivo nem maior praticante que o Buda pode ser encontrado, o que não quer dizer que não haja outros grandes mestres sábios ou compassivos! Se praticarmos sinceramente o que o fundador de qualquer tradição espiritual autêntica ensinou, isso trará grande benefício a nós e aos outros.

Mesmo que consigamos superar a tendência ao adiamento, podemos ainda estar apegados ao prazer das atividades triviais e dos entretenimentos. Visto que são as únicas alegrias e prazeres que conhecemos, não é de surpreender que tais atividades nos fascinem. Embora sejam indiscutivelmente prazerosas, elas impedem a prática do que nos pode trazer felicidade suprema, e nosso apego a essas atividades leva-nos com frequência a ações não saudáveis que resultam em sofrimento. Adoramos tagarelar, mas achamos que falar sobre a virtude é entediante; preferimos conversas picantes que despertam o desejo, a inveja, a competitividade ou a hostilidade. Dado que temos estudado e praticado pouco, ainda não degustamos realmente os ensinamentos; uma vez provado seu incomparável sabor, nada será jamais tão deleitoso, a virtude nunca mais parecerá entediante e o esforço entusiástico surgirá naturalmente.

"Atividades triviais" referem-se a qualquer coisa feita para obter respeito ou recompensa: a maioria das ocupações, a conversação irrelevante, buscas não saudáveis e mesmo empreendimentos como a agricultura ou o comércio, quando feitos com apego. Embora tal trabalho comum não seja pernicioso por si, é considerado trivial, no sentido em que normalmente impede o desenvolvimento de quaisquer realizações espirituais poderosas. Esforço e entusiasmo dirigidos a quaisquer dessas ocupações não são o esforço entusiástico do deleite na virtude. Quando tentado por distrações insignificantes, lembre-se de que praticar os ensinamentos traz alegria infinita, nesta e em vidas futuras. Por que dar as costas à felicidade verdadeira e desperdiçar sua energia em buscas que o impedem de fazer algo realmente significativo nesta vida e se tornam facilmente causa para sofrimento futuro? Uma pessoa inteligente sacrifica de boa vontade o que tem menos valor.

Podemos nos perguntar se, sob o ponto de vista budista, todo tipo de ocupação artística cai necessariamente nessa categoria. Consideremos estes dois exemplos: um músico com o forte desejo de proporcionar alegria e prazer aos outros, não apenas aos humanos, mas mesmo aos animais, passa muito tempo praticando e aperfeiçoando sua arte. Outra pessoa, um erudito do budismo, pesquisa os grandes textos assídua e entusiasticamente durante anos com a intenção de escrever um livro, tornar-se famoso e ganhar muito dinheiro. Quem está praticando o verdadeiro esforço entusiástico? A motivação determina o valor final de qualquer atividade.

As causas que originam a felicidade são chamadas virtude, e as que originam a infelicidade, não virtude. A felicidade vem de estados mentais pacíficos e disciplinados. Uma vez que nossa mente esteja mais em paz, nossa atividade física e verbal também sofrerá uma mudança positiva. Evitaremos ferir os outros, deixaremos de sentir descontentamento e criaremos as causas para o futuro bem-estar. Todas as condições favoráveis para efetuar essas mudanças estão presentes.

Podemos decidir fazer melhor uso dessas circunstâncias enquanto durarem, superar o apego a atividades triviais e desenvolver um genuíno interesse pelo que o Buda ensinou; mas agora a tarefa desanimadora de implementar as muitas práticas profundas e extensivas do Grande Veículo jaz à nossa frente. Um resultado magnífico como a iluminação – a completa eliminação de todas as falhas e o aperfeiçoamento de todas as boas qualidades – só pode resultar da criação de causas igualmente significativas. Se estivermos inconscientes do que deve ser superado e do que deve ser desenvolvido no caminho, essa perspectiva não nos encherá de arrebatamento.

Se entendermos a imensidade dessa tarefa – a completa iluminação para o bem de todos os seres vivos, a fim de aliviar seu sofrimento e trazer-lhes a felicidade –, poderemos nos sentir desencorajados. Prometemos nos livrar de todas as nossas faltas, superar todas as limitações e desenvolver completamente nosso potencial humano. Isso pode parecer esmagador quando consideramos quão difícil é nos livrarmos de um único mau hábito ou desenvolvermos um novo talento.

Uma vez desencorajados, podemos pensar: "Se o que está envolvido é isso, como poderei algum dia atingir a iluminação?" Porém, com a armadura do tipo certo de entusiasmo, passaremos uma vida inteira com alegria, apenas aprendendo a apreciar inteiramente a preciosidade de nosso renascimento humano. Já suportamos todo tipo de adversidades sem sentido no passado; certamente vale a pena suportar dificuldades com esse grande propósito.

O Buda, cujas palavras são confiáveis, disse que todos os seres vivos, mesmo o menor inseto, têm a capacidade de se tornar iluminados. Essa afirmação pode ser substanciada pelo raciocínio e não precisa ser aceita simplesmente por ter sido proferida pelo Buda. A natureza de clara-luz da mente dota todo ser com o potencial de tornar-se totalmente livre de manchas e de desenvolver todo tipo de boas qualidades. As emoções perturbadoras são temporárias e podem ser descartadas mediante a aplicação de antídotos. Ao aprender, refletir e integrar os ensinamentos por meio da meditação, podemos desenvolver nossas capacidades. Todos os seres são iguais nesse ponto; portanto, onde está a diferença? Está em sermos ou não capazes de fazer o esforço entusiástico.

No passado o Buda, em quem agora nos refugiamos, foi exatamente como nós; mas por meio de seus próprios esforços tornou-se iluminado e então ensinou a partir de sua experiência pessoal. Não há razão para nos sentirmos inferiores, pois nós também, da mesma maneira, podemos nos tornar iluminados. Além disso, se é verdade que todos os seres vivos têm o potencial de se tornar iluminados, nós, como humanos, desfrutamos uma vantagem especial por causa de nossa inteligência superior, que nos permite discriminar claramente entre o que precisa ser cultivado e o que precisa ser descartado. Portanto, sinta-se encorajado e pense: "Por que eu não atingiria a iluminação?"

A questão toda de nosso potencial humano e da natureza da mente é algo que vale a pena pararmos para contemplar e estudar. Somente assim ganharemos algum senso de convicção com relação a nossas verdadeiras capacidades. Descobriremos que as premissas em que estão embasados os ensinamentos do Buda não se desintegram, mas podem resistir a escrutínio; quanto mais profundamente investigamos, tanto mais convincentes elas se tornam. Se, sob investigação, algo se torna cada vez mais claro, não cada vez mais impreciso, e se muitas razões plausíveis parecem apoiá-lo, então, mesmo que ainda não tenhamos obtido a certeza, é sensato aceitá-lo temporariamente.

Em vez de voltar sua atenção para fora, olhe para dentro a fim de descobrir a natureza verdadeira e surpreendente de seu corpo e mente. No intervalo de vinte e quatro horas, ambos sofrem mudança constante e passam por estados grosseiros e sutis. Vale a pena examinar os vários tipos de consciência que se manifestam enquanto sonhamos, durante o sono profundo e quando acordamos, particularmente por causa de sua relação com a morte, com o estado intermediário e com o renascimento.

Será que você pensa nessas coisas? Você se pergunta se a pessoa no sonho existe? O que diz quando seu filho pergunta "de onde eu vim?" Você aponta para sua barriga e diz "daqui"? E se a criança indagar "como fui parar aí?" Você dará uma explicação puramente fisiológica ou responderá "não sei"?

No sutra *Encouraging the Special Wish* [Sutra encorajando o desejo especial][23], o Buda diz:

> *O esforço entusiástico louvado por todos os Budas é*
> *   transcendente.*
> *Ele remove todo o sofrimento e a escuridão*
> *E é a base para eliminar completamente os maus*
> *   renascimentos,*
> *Por isso, cultive-o continuamente.*
> *Aqueles que praticam o esforço entusiástico*

O ESFORÇO ENTUSIÁSTICO

Não terão dificuldade em realizar
Todas as atividades mundanas e supramundanas.
Qual é a pessoa sábia e com forte entusiasmo que se desencoraja?
Aqueles empenhados em atingir a iluminação,
Vendo as desvantagens da letargia e da sonolência,
Empregam seu tempo praticando o constante esforço entusiástico.
Eu os encorajei a isso.

O excêntrico praticante tibetano Drukpa Kunlek[24] partiu, certa vez, em peregrinação para ver a famosa estátua do Buda chamada O Senhor[25], no principal templo de Lhasa. Quando finalmente estava em frente à estátua, ele a abordou dizendo: "No passado, você e eu éramos iguais, mas você fez esforço e tornou-se iluminado, e eu ainda estou nessa condição por causa de minha preguiça, e é por isso que sou obrigado a prestar-lhe homenagem agora." E fez prostrações para o Buda.

No Tibete do passado havia pessoas que esperavam, e ainda hoje há os que esperam atingir a iluminação concentrando-se numa única prática, tal como tentar parar todo pensamento ou segurar os ventos de energia numa formação específica. Como pode uma única prática limitada produzir um resultado tão magnífico como a iluminação?

Quando alguém descreve os princípios da arte de manejar o arco, parece fácil, mas quando pegamos o arco e flecha compreendemos quanto é difícil. Não percebemos o que está envolvido numa nova disciplina até que a iniciemos, e nesse momento podemos nos sentir desencorajados.

◆

AS SEIS PERFEIÇÕES

Podemos nos perguntar "como eu poderia algum dia desenvolver a intenção altruística ou praticar a generosidade da mesma forma que um Bodhisattva, se tenho de estar preparado para dar até mesmo partes do meu corpo?"

Na verdade, já suportamos sofrimento muito maior, sem nenhum propósito bom, durante inúmeras vidas passadas na existência cíclica. Nossa cabeça e nossos membros foram decepados, fomos surrados, cortados, perfurados e torturados de todas as formas imagináveis. Mesmo que ignoremos o sofrimento que suportamos em maus renascimentos, pensemos nos diferentes tipos de mutilação que já sofremos em vidas humanas passadas. Será que algum de nós pode ter certeza de que nunca vivenciou tais sofrimentos, ou que nunca os vivenciará novamente? Em comparação, as agruras da prática são relativamente pequenas. Isso, porém, significa pouco para nós, porque nossa crença no renascimento é, na melhor das hipóteses, superficial.

Mesmo que reconheçamos essa verdade, podemos sentir muito medo de termos de dar nossos membros, mas isso não é necessário no presente. Comece a dar o que é fácil, tal como água, flores, comida ou roupas. Quando o apego a seu corpo diminuir e sua coragem e compaixão crescerem, sua capacidade de dar aumentará até que seja capaz de dar facilmente seus membros sem vivenciar nenhuma angústia. Dessa forma, tornamo-nos capazes de praticar os feitos inconcebíveis do Grande Veículo, sem sentir isso como um sacrifício. O Buda ensinou o caminho fácil para um grande resultado; não recomendou práticas ascéticas extremas, mas o caminho do meio, da moderação em todas as coisas.

O ESFORÇO ENTUSIÁSTICO

Certa vez pediram a um grande mestre o ensinamento sobre a visão correta da realidade. Ele elogiou o pedido, mas disse que seria mais benéfico ensinar todo o caminho para a iluminação, que, naturalmente, inclui a discussão sobre a visão correta. Por que ele insistiu nisso? É importante assegurar-nos de que nossa compreensão e prática não sejam parciais. A cada dia, tente fazer uma meditação examinadora de todos os aspectos da prática necessários para a obtenção da iluminação; então concentre seus esforços na área em que está tentando conquistar *insights*. Mesmo que não obtenha nenhuma realização profunda, fazendo isso você terá ao menos estabelecido marcas para o caminho completo. Se, por outro lado, não fizer tal revisão em meditação, mas empregar somente uma técnica de meditação específica e fracassar na obtenção dos resultados desejados, não terá tampouco estabelecido aquelas predisposições preciosas. Cada vez que se sentar para meditar, saiba o que pretende fazer e quais passos pretende seguir. Sua prática deveria ser completa. Então, em cada sessão, empregue o tempo que desejar nas diferentes partes de sua prática.

Podemos superar o desencorajamento e reconhecer que a iluminação pode ser atingida. Podemos também deixar de nos sentir desanimados com a dificuldade das práticas que a tornam possível porque percebemos que o processo de treinamento é gradual. Todavia, podemos ainda nos sentir intimidados pela quantidade de tempo que tudo isso vai levar e pela perspectiva de termos de suportar por tão longo tempo sofrimentos na existência cíclica. No entanto, há maneiras de permanecermos na existência cíclica sem vivenciarmos sofrimento físico e mental. Se estivermos felizes, que importa quanto tempo permanecemos aqui? Se estamos sofrendo, mesmo um minuto é longo demais.

Enquanto tivermos esse corpo e essa mente contaminados – resultado de ações sustentadas pelas atitudes e emoções perturbadoras –, estaremos agrilhoados ao sofrimento. Mesmo que não estejamos vivenciando sofrimento palpável, ele poderá desencadear-se a qualquer momento. Portanto, não temos liberdade e no presente não podemos evitar o sofrimento. Somos forçados a ir aonde nossas ações contaminadas nos propelem e somos dominados por emoções turbulentas, um inimigo implacável. Essa é a situação dos seres vivos enquanto permanecem na existência cíclica.

A situação dos Bodhisattvas é diferente. O fato de suas ações não serem poluídas por estados mentais negativos liberta-os das causas do sofrimento físico. A maior parte de nosso sofrimento provém de nossas ideias e modos de pensar fixos. Como os Bodhisattvas compreendem a natureza da realidade, eles não se apegam a ideias de um eu, de um corpo ou de uma mente verdadeiramente existentes, o que os liberta das causas do sofrimento mental. Portanto, não vivenciam sofrimento, não importa quanto tempo permaneçam no mundo.

Embora enormes reservas de energia positiva e *insight* sejam necessárias para obter a iluminação, há métodos habilidosos para criá-las rapidamente. Quando nos devotamos dedicadamente à felicidade dos seres vivos tão ilimitados como o espaço e fazemos o voto de Bodhisattva com esse propósito, quer façamos esforço consciente ou

O ESFORÇO ENTUSIÁSTICO

não, a energia positiva acumula-se dia e noite enquanto nosso voto permanece intacto. Dessa maneira o mérito, que de outra forma levaria eras para acumular-se, é rapidamente gerado. As ações virtuosas feitas por alguém que mantém quaisquer dos votos – o voto de refúgio, os votos para leigos, os votos tântricos ou de Bodhisattva – tornam-se mais poderosas do que seriam normalmente. Essa é uma das razões pelas quais manter esses votos é considerado de grande valor.

Se não estivermos satisfeitos meramente em tornarmos nossas ações físicas e verbais pacíficas e controladas, mas procurarmos, de todo coração, aliviar o sofrimento de outros e, por tal compaixão e amor, desejarmos intensa e urgentemente atingir a iluminação, os métodos velozes do caminho tântrico estarão a nosso dispor. Mas, se estivermos simplesmente procurando um atalho por estarmos desencorajados pela tarefa diante de nós e pelo tempo que ela exigirá, o caminho tântrico não é para nós.

Tendo compreendido como superar os obstáculos que nos impedem de desenvolver, sustentar e aumentar o esforço entusiástico, consideremos os fatores que o apoiam. Atenção plena, vigilância e cuidado levam ao esforço entusiástico espontâneo em qualquer coisa virtuosa que escolhamos empreender. Quatro forças contribuem para isso: a confiança no valor da virtude e a aspiração para praticá-la fornecem-nos o ímpeto para desenvolver o esforço entusiástico; a constância capacita-nos a perseverar e a dar entusiasticamente continuidade ao que iniciamos; a alegria permite-nos fazê-lo com o deleite de uma criança brincando, ao passo que saber quando relaxar permite-nos parar quando nos sentirmos cansados e recomeçar com energia renovada quando estivermos descansados.

O objeto de nossa aspiração é o cultivo do que precisa ser desenvolvido e a eliminação do que precisa ser descartado. Tal aspiração é a fonte do esforço entusiástico e, nesse contexto, advém das considerações sobre os grandes benefícios de praticar as Seis Perfeições e as desvantagens de não fazê-lo.

Por que a aspiração desempenha um papel importante? Nunca tivemos realmente o desejo de nos livrarmos dos pensamentos e ações não saudáveis, nem de cultivar os saudáveis. É por isso que continuamos a vagar na existência cíclica, constantemente vivenciando problemas e aflições. Toda pessoa inteligente anseia por liberdade e felicidade. Quando pensarmos suficientemente na fruição das ações – como as ações brancas ou construtivas produzem experiências agradáveis e as ações negras ou nocivas produzem as desagradáveis –, obteremos um senso de convicção e certeza. Isso leva à aspiração que, por sua vez, dá ensejo ao esforço entusiástico.

Se estivermos genuinamente interessados no Grande Veículo e desejarmos praticá-lo de acordo, deveremos primeiro desenvolver a intenção altruística e tentar purificar nossas falhas e suas marcas, assim como ajudar os outros a fazer o mesmo. É isso o que prometemos quando fazemos o voto de Bodhisattva. Será que nosso entusiasmo é suficiente para aplicarmos os antídotos necessários a nossos impulsos egoístas, pelo tempo que for preciso para superá-los? Se continuarmos a ser indiferentes e apáticos em nossas tentativas, criaremos mais ações negativas que nos forçarão a vivenciar mais sofrimento. Esse pensamento deveria partir nossos corações, mas não o faz porque eles estão endurecidos e falta-nos compaixão até para com nós mesmos.

Quando fazemos o voto de Bodhisattva, comprometemo-nos a realizar feitos magníficos de virtude. Sem o esforço entusiástico, nenhum deles é possível. Já que não sabemos qual será nosso próximo renascimento, é imperativo que cumpramos nossa promessa enquanto temos o uso de nosso corpo e mente humanos fortes.

Será que oferecemos presentes àqueles em quem nos refugiamos e os agradamos de outras formas? Será que oferecemos banquetes de alegria aos seres vivos? Será que os fazemos felizes, oferecendo-lhes nosso respeito e serviço? Será que implementamos os ensinamentos, evitando as ações incorretas e engajando-nos na virtude? Será que socorremos e protegemos os que estão com medo ou em perigo? Satisfazemos os necessitados com alimento e vestuário? O que fazemos pelos seres vivos?

Se não fazemos nada disso, a que propósito serviu nosso nascimento de um útero, além de causar dores à nossa mãe? Temos razões para arrependimento. Se já fizemos o bem em nossas vidas, devemos permitir que isso nos dê alegria e nos inspire a fazer mais. Quando considerarmos honestamente nossas ações e mantivermos um cômputo, iremos nos conhecer melhor.

Às vezes é útil refletir sobre o que fizemos de certo porque isso nos serve de encorajamento. O fato de podermos nos manter sobre nossos próprios pés no mundo e de sermos pessoas decentes deve-se, de modo geral, a termos seguido os conselhos de nossos pais e professores. Essa é a prática mais básica de cultivar o que é construtivo e descartar o que não é. Vemos o que acontece quando os outros não o fazem; uma asserção de independência pode dar muito errado.

Ao desenvolvermos o que é positivo e descartarmos o que é negativo, a constância capacita-nos a empregar esforço ininterrupto. Antes de iniciar qualquer coisa, devemos examinar se este é ou não o curso de ação apropriado. Mesmo que seja, devemos considerar se somos capazes de segui-lo ou não. É melhor não começar algo que começá-lo e abandoná-lo pela metade. Isso pode levar ao mau hábito de encetar uma coisa após outra e nunca completar nada. Tal padrão nos impede de honrar compromissos e de criar virtude nova; também nos rouba a satisfação.

Três tipos de orgulho são cultivados para fomentar a constância. Com o orgulho da ação, resolvemos agir sem esperar ou depender da ajuda de ninguém. Em *Letter to a Friend*, Nagarjuna diz:

> *A liberação depende de você e nisso*
> *Ninguém mais pode ajudá-lo. Aqueles que ouviram,*
> *Têm disciplina ética e concentração*
> *Devem fazer o esforço nas quatro verdades.*

A liberação é a liberdade do jugo das ações contaminadas e das emoções perturbadoras. Ninguém pode levar-nos pela mão e conduzir-nos a esse estado; precisamos obter os *insights* necessários e alcançá-lo nós mesmos, livrando-nos do sofrimento e de suas causas. Após o jantar, ninguém tem vontade de se mexer, e todos esperam que alguém se levante e tire a mesa. Se fazemos o primeiro movimento, outros podem decidir ajudar; mas ao esperar algo deles ficamos pouco à vontade e ansiosos. Se tomarmos a iniciativa de começar a nos libertar dos velhos hábitos e atitudes emocionais nocivos, o apoio de que precisamos virá.

A maioria das pessoas está tão profundamente sob a influência das emoções perturbadoras que não pode nem tomar conta de si mesma, quanto mais dos outros. Reconhecendo o grau em que essas pessoas estão imersas nas preocupações mundanas triviais, e atento à sua promessa de aliviar o sofrimento delas e dar-lhes felicidade, aceite responsabilidade pessoal quando realizar qualquer ação com a intenção de beneficiar os outros. Motivado por compaixão genuína, faça isso sem sentimentos de superioridade, mas com orgulho confiante em suas capacidades.

Finalmente, há o orgulho perante as emoções perturbadoras. Combata-as com a determinação de que não as deixará vencê-lo, mas resistirá a elas valentemente e triunfará sobre sua tirania. Se nos faltar essa determinação feroz e formos pusilânimes, o menor revés se tornará um grande obstáculo.

Um corvo comporta-se tão corajosamente quanto um garuda perante uma serpente morta, mas não ousa chegar perto de uma viva. Devemos desenvolver fortes contramedidas para as emoções perturbadoras. Verdadeiros heróis são os que as combatem, não os que fanfarronam inchados de orgulho quando, na verdade, são escravos de seus inimigos.

A alegria consiste em continuarmos o que iniciamos com o deleite de uma criança concentrada em sua brincadeira. O prazer de uma criança no que está fazendo é tão grande que ela não suporta parar. Relaxar ou parar no momento certo permite-nos descansar antes que fiquemos totalmente exaustos. Se continuarmos até nossa força física e mental se esgotar, nossa tarefa parecerá esmagadora e nos sentiremos nauseados ante o mero pensamento do que resta fazer. Se fizermos uma pausa, seremos mais capazes de continuar com vigor renovado. Quando tiver completado uma coisa, permita-se tomar um fôlego antes de começar algo novo.

Especialmente quando estamos engajados em trabalho estressante, tal como cuidar de um doente, é vital descansar antes de nos sentirmos completamente esgotados. Se esperarmos tempo demais, seremos forçados a descansar de qualquer jeito e, em vez de uma pessoa doente, haverá duas. Às vezes, quando nossa presença durante alguns minutos ou horas a mais fará diferença significativa, devemos pôr as necessidades do outro em primeiro lugar. No entanto, é importante nos tornarmos habilidosos em administrar nossos próprios recursos e energia.

Aspiração, estabilidade, alegria e descanso reforçam o esforço entusiástico e ajudam-no a crescer. Encorajar os outros a desenvolver maior entusiasmo por atividades meritórias é uma forma de generosidade.

Temos considerado os benefícios do esforço entusiástico e as desvantagens da preguiça, considerado o que constitui o esforço entusiástico, suas várias formas, as diferentes manifestações da preguiça, como combatê-las e como apoiar e aumentar o esforço entusiástico. Flexibilidade mental e física são os antídotos máximos contra a preguiça.

O ESFORÇO ENTUSIÁSTICO

Pensarmos sobre nossa morte iminente contrabalança nossa tendência à protelação. Considerarmos a preciosidade de nossa vida e a dificuldade de encontrarmos tal situação rara de liberdade e prosperidade restringe nosso envolvimento em atividades triviais. Reconhecermos inteiramente as circunstâncias conducentes internas e externas que desfrutamos, assim como a liberdade que temos de obstáculos, ajuda-nos a superar o desencorajamento.

De qual tipo de preguiça você sofre? Algumas pessoas simplesmente gostam de ficar ociosas e adiar as coisas. Algumas são muito ocupadas e perseguem uma grande variedade de interesses. Algumas ainda não percebem quanto seu corpo e mente são fortes, e sofrem com sentimentos de inferioridade. Assim que atacamos um tipo de preguiça, outro repentinamente parece ser mais proeminente, mas isso é só porque começamos a prestar atenção a nossos hábitos físicos e mentais.

Em seu *Summary of the Stages of the Path*, Je Tsongkhapa encoraja-nos a desenvolver a capacidade de criar o esforço entusiástico, dizendo:

> *Com a armadura do esforço estável e ininterrupto,*
> *O conhecimento das escrituras e o insight aumentam*
>   *como a lua crescente.*
> *Todas as suas atividades tornam-se significativas*
> *E, seja o que for iniciado, você completará com sucesso.*
> *Sabendo disso, os Bodhisattvas esforçam-se*
> *Para criar o poderoso esforço entusiástico*
> *Que dissipa toda preguiça.*

Capítulo 5

A CONCENTRAÇÃO

Uma vez desenvolvido o esforço entusiástico, ele deve ser aplicado ao cultivo da estabilização meditativa, pois, enquanto o afrouxamento e a excitação influenciarem nossa mente, as emoções perturbadoras, como animais carnívoros, poderão atacar e nos devorar. Shantideva diz:

Assim, tendo desenvolvido o esforço entusiástico,
Coloque sua mente em estabilização meditativa.
As pessoas cujas mentes estão distraídas
Vivem entre as presas das emoções perturbadoras.

AS SEIS PERFEIÇÕES

Tanto budistas quanto não budistas cultivam a estabilização meditativa. As oito concentrações dos reinos da forma e da não forma[26] são também mencionadas na literatura não budista. Quando a estabilização meditativa é praticada com refúgio sincero nas Três Joias, é uma prática budista. Quando praticada com uma compreensão das desvantagens da existência cíclica e um desejo de ganhar a liberdade, torna-se uma causa para a liberação. Sem uma mente de permanência serena, é impossível atingirmos os estados de estabilização meditativa descritos nos sutras ou realizarmos os estados de geração e de conclusão dos tantras[27]. De fato, a mente de permanência serena age como um receptáculo para todas as realizações superiores, assim como um recipiente é necessário para coletar água. A realização da concentração não é um fim em si, é uma chave que abre a porta a muitas práticas diferentes; mais importante, é usada para obter uma profunda compreensão da realidade.

Visto que a existência cíclica é sinônimo de sofrimento, o único meio de nos livrarmos do sofrimento é nos libertarmos da existência cíclica. A ignorância que jaz em sua raiz não pode ser erradicada, exceto ao se obter *insight* especial sobre a natureza da realidade. Tal *insight* especial é inatingível sem o desenvolvimento de uma mente de permanência serena. A vacuidade pode ser compreendida sem ela, mas para ser suficientemente poderosa a compreensão deve ser clara e estável, assim como uma luz clara e estável é necessária para se verem os detalhes de um mural numa sala escura.

A realidade – a ausência de eu em pessoas e outros fenômenos – é como uma forma a ser vista, e a compreensão é como o olho. Se a forma está muito distante do olho, não pode ser vista claramente; mas, quando uma mão firme é usada para trazer a forma para perto, cada detalhe pode ser percebido. Uma mente de permanência serena é como a mão firme.

Ao desenvolvermos uma mente de permanência serena, as distrações interiores são superadas; mas primeiramente precisamos ser livres das distrações externas grosseiras, criadas por atividades físicas e verbais não saudáveis. Um alicerce essencial para desenvolver uma mente de permanência serena é a observância da disciplina ética, especificamente a coibição das dez atividades nocivas. A prática budista consiste em visão, meditação e conduta. A visão – a compreensão correta da realidade – é baseada na meditação, a prática da concentração. A base para ambas é a conduta ética. Um bom praticante coloca ênfase igual nas três.

Com uma mente estável, qualquer prática positiva – tal como a meditação sobre a preciosidade de nossa vida humana, sobre a impermanência, ou a visualização de uma divindade – torna-se mais eficiente e os *insights* são obtidos mais depressa. Uma mente de permanência serena é essencial para o desenvolvimento da clarividência, de diferentes tipos de percepção extrassensorial e de feitos miraculosos. Enquanto a disciplina ética detém as atividades físicas e verbais não saudáveis – a expressão das emoções perturbadoras –, a concentração detém todas as formas manifestas dessas emoções. O *insight* especial permite-nos descartar até suas marcas.

Se queremos mudar e aspiramos a que os outros mudem, se temos esperança de paz no mundo, precisamos começar tornando-nos mais pacíficos. Quando nossos amigos notarem uma transformação positiva em nós, ficarão curiosos para saber o que a causou, e nossa presença começará a inspirar os que nos cercam. É assim que se inicia uma mudança e é o único meio de criar a paz dentro das nações e entre elas. É inútil sonharmos com a paz enquanto as emoções perturbadoras alastram-se dentro de nós.

Sem as condições essenciais internas e externas, podemos desenvolver maior concentração, mas não uma mente de permanência serena. Essas condições incluem termos um lugar adequado, poucos desejos, contentamento, um estilo de vida saudável, ausência de ocupações em excesso e de preocupação com os estímulos sensoriais. Então, se tivermos recebido instruções corretas e praticarmos de acordo, teremos uma boa chance de desenvolver uma mente de permanência serena. Sem esses pré-requisitos não conseguiremos, não importa quanto pratiquemos.

Muitas pessoas estão interessadas em desenvolver estados mais elevados de concentração, mas se lhes falta um interesse em criar as condições internas básicas sua aspiração é sem sentido. Se queremos o fruto, precisamos cuidar da planta e fornecer-lhe as condições certas de crescimento. A raiz da concentração é a atenção plena, a habilidade de retermos nosso objeto focal. Quão atento é você? Será que se esforça para aumentar sua atenção plena, tanto em sua almofada de meditação quanto fora dela?

Em *Ornament for the Mahayana Sutras*, Maitreya fala sobre o lugar ideal para a prática intensiva:

A CONCENTRAÇÃO

No lugar de prática de uma pessoa inteligente
As coisas estão bem fundadas, o local é bom.
O solo é bom, há bons amigos
E as ferramentas para a felicidade de um praticante.

No lugar que escolhemos para a meditação, o necessário para a vida diária deveria estar disponível e ter sido obtido sem conduta errônea. Se, por exemplo, comida e água não são fáceis de obter, empregaremos muito tempo e energia buscando-as, o que deixará pouco tempo e energia para a meditação. Um lugar sagrado, abençoado pela presença de grandes praticantes no passado, é considerado particularmente auspicioso. Tais lugares têm o poder de abençoar-nos, no sentido de que inspiram fé e o desejo de praticar.

Certamente o lugar deveria ser pacífico, e não onde atos de violência tenham ocorrido. Deveria ser livre do perigo advindo de seres humanos e animais selvagens. Algumas pessoas meditam intencionalmente em lugares perigosos para mostrar sua bravura, mas isso é imprudente, exceto para praticantes avançados. Uma constante ansiedade subjacente perturbará nossa paz de espírito.

Escolha um lugar saudável, adequado para sua constituição. A proximidade de bons companheiros que compartilham seus pontos de vista e aspirações é importante, já que estar sozinho pode ser perigoso para um principiante e praticar entre bons companheiros é encorajador. Um bom companheiro é alguém que está preparado para apontar nossas falhas, não alguém que nos favorece. Deveria haver a menor quantidade de ruído possível gerado por água ou animais selvagens, já que o ruído é uma das principais fontes de distração.

Adicionalmente, abasteça-se das ferramentas para a felicidade de um praticante. Saiba o que praticar e dissipe as dúvidas, ouvindo e pensando sobre as instruções. Familiarize-se com a ordem em que prosseguir e conheça profundamente o tópico de sua meditação. Será estranho se você investir muita energia em reunir todas as condições externas e negligenciar as internas vitais. Você pode acabar no lugar ideal sem saber o que fazer na meditação. Outros sabem exatamente o que fazer e estão prontos para começar, mas passam anos procurando um lugar adequado. É difícil reunirmos todas as condições internas e externas.

A reclusão física é importante, mas também precisamos encontrar quietude interna e reclusão de excessiva atividade mental. Quando tiver alimento, roupa e acomodação necessários, cultive o contentamento e não deseje mais ou melhores instalações. A hora em que tudo está perfeito nunca chegará. A preocupação com acumular, guardar e aumentar nossa propriedade é uma distração. No final nos tornamos servos de nossas posses, porque a avareza é um patrão severo e nos faz sofrer.

A ocupação em excesso leva-nos para lá e para cá; passamos muito tempo falando e mesmo quando finalmente nos sentamos não conseguimos pensar em nada além de planos e projetos. Quanto menos desejos temos e mais satisfeitos somos, menos atarefada torna-se nossa vida. Quando tentamos desenvolver a concentração elevada, mesmo os estudos, que sob outras circunstâncias são benéficos, agem como distração.

◆

A CONCENTRAÇÃO

Um estilo de vida ético é essencial, dado que o vento das ações físicas e verbais não saudáveis cria turbulência no lago da mente. As ondas precisam acalmar-se, pois, quando a superfície está parada, tudo pode ser refletido nela. A fim de lidarmos com as distrações internas sutis, é preciso primeiro cessarem as distrações externas grosseiras. A atração aos estímulos sensoriais faz que a mente vagueie. Podemos planejar fazer nossa sessão de meditação e depois outra atividade prazerosa que aguardamos ansiosamente. A antecipação do prazer permanece presente subliminarmente e distrai a mente durante a meditação.

Há cinco faltas ou problemas que nos impedem de obter uma mente de permanência serena. Essas são contrapostas por oito antídotos[28]. Tendo criado condições conducentes para o cultivo de uma mente de permanência serena, podemos relutar em começar a prática. Essa é a primeira falta e o efeito da preguiça, para a qual o antídoto definitivo é a completa maleabilidade mental e física. Mas a maleabilidade não pode ser conseguida sem a perseverança entusiástica. O entusiasmo surgirá se houver uma aspiração para desenvolvermos uma mente de permanência serena; no entanto, essa aspiração só estará presente se apreciarmos inteiramente os benefícios que a mente de permanência serena trará. A principal vantagem é que ela forma uma base para o desenvolvimento do *insight* especial sobre a natureza da realidade, por meio do qual a raiz de nosso sofrimento pode ser cortada. É claro que tal benefício só tem significado para os que estão decididos a livrar-se do sofrimento!

◆

AS SEIS PERFEIÇÕES

A permanência serena capacita-nos a direcionar nossa mente aonde queremos e a manter nossa atenção num objeto focal particular por quanto tempo desejarmos. Tal atenção intensa traz resultados impressionantes. Dois gravetos esfregados um no outro fazem fogo, mas somente quando são esfregados continuamente no mesmo lugar. Mesmo que sejamos incapazes de desenvolver tão alto grau de controle mental, uma maior estabilidade da mente aumentaria significativamente nosso bem-estar e felicidade.

Qualquer coisa, uma pedra ou uma flor, pode servir como objeto para o desenvolvimento de uma mente de permanência serena, mas é mais sensato escolhermos algo que nos ajudará a realizar vários propósitos simultaneamente, tais como a acumulação de energia positiva e a purificação. Uma imagem do Buda ou, no contexto do tantra, uma sílaba-semente[29] em um dos centros de energia do corpo é frequentemente escolhida.

Os sutras descrevem quatro categorias principais de objetos focais[30]. Não se espera que adotemos todas elas, mas apenas o que é adequado a nosso caso particular. Um supermercado oferece uma seleção ampla de produtos a diferentes preços e de diferentes qualidades, mas não somos compelidos a comprar tudo o que está à venda. Escolhemos o que precisamos e queremos.

Muitas emoções perturbadoras diferentes nos afetam, mas é importante identificar e combater nossa emoção perturbadora predominante, senão ela interferirá repetidamente em nossa prática. Podemos saber se tivemos muita familiaridade com uma emoção perturbadora no passado e não a vimos como uma falha se um estímulo mínimo de-

A CONCENTRAÇÃO

sencadeia emoção intensa que dura por um longo tempo. Quando um estímulo moderado é necessário e a emoção não dura muito, podemos inferir que no passado não vivenciamos essa emoção habitualmente, mas tampouco a vimos como faltosa. Se a emoção só surge debilmente na presença de um estímulo forte e não dura muito, podemos concluir que tivemos muito pouca familiaridade com ela em vidas passadas e a consideramos prejudicial.

Sentimos relutância em nos examinarmos íntima e minuciosamente ou admitirmos nossa emoção perturbadora predominante porque nossa concepção errônea do eu e nosso egocentrismo, dos quais os três venenos e todas as outras emoções perturbadoras surgem, fazem-nos defensivos. Mas, se realmente buscamos nosso próprio bem-estar e nos apreciamos, devemos identificar aquela emoção e aplicar as contramedidas apropriadas. Enquanto essas emoções continuam a nos dominar, permanecemos sob o controle de inimigos impiedosos que não nos permitem nenhuma felicidade. Felizmente, como não são parte integrante de nós, é possível nos livrarmos de sua influência destrutiva.

A fim de praticarmos com eficiência, devemos conhecer em teoria quais problemas provavelmente encontraremos e como combatê-los. Precisamos também aprender a identificá-los em nossa própria experiência meditativa. Por exemplo, precisamos ser capazes de reconhecer claramente quando ocorrem o afrouxamento e a excitação. Isso não pode ser feito sem conhecermos suas características.

Como mencionado acima, quatro dos oito antídotos contrapõem-se à preguiça: a maleabilidade física e mental, o esforço entusiástico, a aspiração e o interesse pelos benefícios de desenvolver uma mente de permanência serena. Uma vez que começamos a praticar, o próximo problema que encontramos é "esquecer as instruções". Isso significa que o objeto focal torna-se extremamente nebuloso ou que o perdemos de uma vez. Sem um objeto focal, não há nada em que centrar nossa atenção.

O antídoto para a perda do objeto é a atenção plena, caracterizada por três qualidades: seu objeto já é algo familiar; seu aspecto é segurar aquele objeto sem esquecê-lo, assim como o pensamento sobre comida ou água está constantemente presente em nossa mente quando estamos com muita fome ou sede; sua função é impedir a mente de distrair-se com outra coisa. A atenção plena é importante não apenas em meditação, mas na vida diária. Se estamos distraídos ou abstraídos na cozinha, a comida se queima e temos de passar tempo dobrado limpando a bagunça.

Se escolhemos, por exemplo, concentrar-nos numa imagem do Buda, temos primeiro de nos familiarizar com ela, olhando para uma pintura ou estátua, ou recebendo instrução detalhada sobre o que imaginar. Evocamos então a imagem tão claramente quanto possível e focalizamos nela atenção intensa e contínua. Um canto da mente vigia para ver se isso está acontecendo. Dirigir um carro é uma analogia útil para isso. A atenção principal do(a) motorista está na estrada à frente, mas ao mesmo tempo ele (ou ela) permanece consciente do que está acontecendo atrás e nas laterais. Para principiantes, a principal tarefa é simplesmente manter a atenção no objeto. Assim que a vigilância mental percebe que as coisas estão dando errado, que o objeto está para ser ou já foi perdido, faz-se esforço para recuperá-lo. Essa é a base para todo desenvolvimento ulterior na prática da concentração.

Na discussão budista da atividade mental, faz-se uma divisão entre a mente e os fatores mentais. A mente refere-se a seis tipos de consciência, cinco associados com os cinco sentidos e um com a faculdade mental. Os fatores ou funções mentais acompanham esses tipos de consciência. Uma dessas funções – a habilidade da mente de permanecer focalizada num único ponto – é chamada estabilização meditativa. Todos nós temos alguma habilidade de concentrar; o fator mental que nos permite a manutenção da concentração é a atenção plena, e aquilo que mantém vigia sobre o processo é a vigilância mental, um aspecto do conhecimento.

Embora na descrição das cinco faltas e oito antídotos a vigilância mental seja citada como o antídoto para o afrouxamento e a excitação – a terceira das faltas –, ela não é o próprio antídoto, mas a atividade mental que nota a ocorrência do afrouxamento e da excitação. A vigilância mental deve ser tão refinada que possa detectar suas formas mais sutis, notando-as assim que aparecem.

Muitos de nós não gostamos do esforço envolvido na meditação analítica e pensamos que a meditação de posicionamento é mais fácil e mais repousante. Isso é um engano. A realização de uma mente de permanência serena, caracterizada por intensa clareza e forte estabilidade, exige muito esforço, inteligência e habilidade. Já que o afrouxamento e a excitação dificultam a obtenção de clareza e estabilidade combinadas, são considerados obstáculos à permanência serena.

Identificar esses obstáculos cuidadosamente é importante, senão, por exemplo, a letargia pode ser tomada por afrouxamento, quando de fato é uma causa para o afrouxamento. Um praticante pode pensar que o afrouxamento foi eliminado quando, na verdade, a letargia foi combatida; e pode tomar por estado satisfatório de concentração a estabilidade opaca conseguida. Enquanto isso, o afrouxamento sutil que está presente permanece inalterado.

Em seu *Compendium of Knowledge* [Compêndio de conhecimento][31], Asanga define a excitação como um estado mental focalizado num objeto atraente, ou num que parece atraente à mente. A excitação é um aspecto do desejo sob a forma de anseio; nunca é virtuosa, mas pode ser não especificada ou não virtuosa. Torna a mente desassossegada e, portanto, obstrui a permanência serena. Pensarmos sobre alguém ou alguma coisa de que não gostamos é uma distração e uma das emoções perturbadoras subsidiárias. Pensarmos sobre algo positivo pode ser inspirador, mas também age como distração e como obstáculo à permanência serena, embora não seja distração que envolva emoções perturbadoras. Permitirmos à mente vaguear livremente, não importa quão gloriosas nossas imaginações possam ser, impede a concentração porque a atenção plena – a raiz de toda estabilização meditativa – está ausente. Dado que as distrações podem ser causadas por desejo, hostilidade ou confusão, por que será que o tipo referido como excitação foi escolhido aqui? Porque a distração mais frequentemente vivenciada na meditação é causada por desejo e apego.

A CONCENTRAÇÃO

Salvaguardarmos a todo instante a atenção plena é importante. Muitas pessoas pensam que um copo de bebida alcoólica não tem importância, mas mesmo um só diminui ligeiramente a atenção, e um drinque leva a outro. A falta de atenção é responsável por todo tipo de acidentes. Se uma pequena quantidade de uma substância particular não tivesse o poder de diminuir ligeiramente a atenção, como uma quantidade grande poderia diminuí-la radicalmente?

Todas as emoções na síndrome do desejo são difíceis de reconhecer como prejudiciais porque, inicialmente quando surgem, nós as sentimos como estimulantes e prazerosas. Mas sua nocividade é evidente pelo fato de que com o tempo nos trazem problemas e dor. Apego e possessividade criam ansiedade constante e impedem-nos de ser generosos até com nós mesmos. Anseio e vício relativos a diferentes prazeres prejudicam nossa saúde e podem induzir a crimes que nos levariam à prisão e, em alguns países, à punição física, tal como a amputação de nossos membros ou sermos amarrados e surrados. De fato, a maioria dos crimes é motivada por desejo ou apego, que se manifesta de muitas formas e nos traz infelicidade nesta e em vidas futuras.

Compreender isso e superar nosso apego só pode nos enriquecer e não nos empobrecerá, como tememos. O apego ao eu é extirpado ao investigarmos sua verdadeira natureza e ao compreendermos que ele existe, mas não como presumimos. O apego à nossa felicidade pessoal diminui quando percebemos nossa verdadeira conexão com os outros e os grandes benefícios de estimá-los. Começamos a reconhecer que, enquanto nossa própria felicidade é importante, a dos outros seres vivos, que são a maioria, é de importância maior. Ao contemplar os aspectos menos atraentes dos objetos dos sentidos e nossas respostas a eles, tornamo-nos menos apegados, desenvolvemos maior generosidade e descobrimos um saudável caminho do meio de nem privação nem indulgência. Por esses meios detemos as causas da excitação que age como um obstáculo à permanência serena.

O outro obstáculo principal, o afrouxamento, faz-nos perder inteiramente nosso objeto focal ou pode estar presente em sua forma sutil, mesmo enquanto o retemos, assim como um rosário pode ser segurado frouxamente até que nossa preensão torna-se tão solta que ele cai de nossa mão. Kamalashila, em *Stages of Meditation* [Estágios de meditação][32], descreve a forma mais grosseira de afrouxamento como semelhante à escuridão que nos envolve se ficamos cegos ou fechamos os olhos. O afrouxamento sutil está presente quando a claridade intensa do objeto focal diminui. Nesse caso, já que o afrouxamento ocorre em combinação com a estabilização meditativa, ele é virtuoso. As formas mais grosseiras de afrouxamento não são especificadas como virtuosas ou não virtuosas.

O sono e a letargia são causas do afrouxamento. A letargia, que é uma obstrução à liberação e nunca é virtuosa, é um aspecto da confusão que torna o corpo e a mente inutilizáveis e encoraja o surgimento das emoções perturbadoras. É um estado mental não especificado nos reinos superiores e não virtuoso no reino do desejo.

◆

A CONCENTRAÇÃO

Não aplicarmos as contramedidas ao afrouxamento e à excitação é a quarta falta que impede a realização de uma mente de permanência serena. Isso é evitado ao respondermos prontamente à informação fornecida pela vigilância mental e aplicarmos os remédios apropriados. O fator mental da intenção, cuja função é mover a mente em direção a um objeto positivo, negativo ou neutro, desempenha um papel fundamental nisso.

Quando o afrouxamento sutil surge, a claridade do objeto e a força da concentração diminuem. Pode ser suficiente intensificarmos a atenção e fazermos o objeto aparecer mais claramente. Se isso for ineficaz, deixe o objeto focal e tente avivar a mente. O afrouxamento é um sinal de que a mente está muito retraída e introvertida.

Para despertar a alegria e ganhar inspiração, pense sobre os ensinamentos, especialmente sobre a praticabilidade da liberação e sobre os caminhos verdadeiros de *insight* por meio dos quais ela é obtida. Pense sobre os seres iluminados, contemplando sua completa eliminação de faltas e seu supremo desenvolvimento de boas qualidades, ou sobre a comunidade espiritual constituída por seres sublimes, particularmente Bodhisattvas em diferentes estágios de realização. A mente também pode ser avivada ao lembrarmos que a generosidade desfaz o nó da avareza e que darmos nossos corpos, posses e energia positiva traz grandes benefícios, ou ao pensarmos como a disciplina ética, que forma a base para todos os *insights* mais elevados – especialmente a concentração e a sabedoria –, leva ao renascimento como um ser celestial dos reinos do desejo, da forma ou da não forma e, em última instância, ao estado de iluminação completa[33]. Lembrarmos a preciosidade desta vida humana também pode ter um efeito revitalizador. E então começamos a nos concentrar no objeto focal mais uma vez.

Se o afrouxamento persistir, pare a sessão e tente refrescar-se borrifando água no rosto, sentando-se em lugar fresco onde há brisa, fazendo uma caminhada ou olhando para uma vista panorâmica. Quando se sentir revigorado, comece uma nova sessão, mas aprenda a ser habilidoso ao usar sua energia, pois forçar-se a continuar meditando a qualquer custo não faz sentido.

A excitação sutil ocorre antes que a distração esteja completamente presente, e é como se estivéssemos a ponto de lembrar alguma coisa. Ela surge quando a mente está focalizada firme demais no objeto. O remédio inicial é afrouxar ligeiramente a atenção. Se isso não for eficaz, largue o objeto focal e pense sobre a impermanência e a iminência da morte, ou sobre o sofrimento, os defeitos da existência cíclica e a maneira como as emoções perturbadoras e as ações contaminadas nos controlam. Qualquer tópico que nos traz à sobriedade e detém a preocupação com os estímulos sensoriais é apropriado. Se a excitação persistir, termine a sessão. Pode ser útil preparar uma refeição deliciosa, já que comer algo nutritivo e um tanto rico em calorias diminui a tensão, acalma os ventos de energia e nos faz sentir mais descontraídos.

Quando o afrouxamento ou a excitação são pronunciados, costuma-se largar o objeto focal e pensar sobre outra coisa. Recomeçar a concentração no objeto focal depois disso se chama cultivar uma nova atenção plena. Quando

A CONCENTRAÇÃO

o afrouxamento ou a excitação são sutis, são feitos ajustes à intensidade da concentração e assim por diante, enquanto a atenção no objeto focal é mantida. Isso se chama cultivar a velha atenção plena.

Conta-se uma história sobre a competição entre um habilidoso espadachim e um arqueiro. Não importa quantas flechas o arqueiro atirasse, a espada rodopiante do espadachim as desviava e as cortava. Quando o arqueiro tinha apenas uma flecha sobrando e teve medo de perder a competição, sua esposa, que era muito bonita, teve uma ideia e disse: "Vou dar um passeio pela arena; no momento em que ele me avistar atire sua última flecha." Ela começou a caminhar, o espadachim a viu, foi distraído pelo desejo e a flecha do arqueiro feriu-o mortalmente. Enquanto jazia moribundo, disse: "Não foi a flecha, mas minha própria falta de atenção que me matou."

Entre as sessões é importante combatermos as causas do afrouxamento e da agitação, controlando nossos sentidos. Isso não significa que não devamos olhar, ouvir, cheirar, degustar ou tocar, mas quando tivermos a escolha deveremos evitar o que é não saudável e impedir as emoções perturbadoras de despertarem em resposta aos estímulos sensoriais. Isso demanda atenção plena e vigilância contínuas.

É sábio comer moderadamente. Um estômago reclamando de pouca comida estragará nossa concentração; já se comermos até precisar afrouxar o cinto, ficaremos empanturrados e sonolentos demais para meditar. Visto que dormir demais leva ao hábito de cochilar sempre que houver uma oportunidade, e a indulgência nos prazeres sensuais nos faz letárgicos, é importante encontrar o equilíbrio adequado.

◆

Quando tudo está indo bem na meditação, é uma falta aplicarmos contramedidas; devemos deixá-las quietas. Isso se chama desistir do esforço, mas somente o esforço na aplicação das contramedidas. A intensidade da atenção ainda precisa ser mantida. O problema de aplicarmos remédios desnecessários não surge até o nono estágio do desenvolvimento da mente de permanência serena ter sido atingido. Nesse estágio, a concentração focalizada num único ponto pode ser mantida por quanto tempo desejarmos que a sessão dure, mas uma mente de permanência serena ainda não foi atingida.

A bem-aventurança da perfeita maleabilidade física e mental é impedida pela resistência física e mental a nos engajarmos na virtude. Normalmente se diz que a maleabilidade mental é atingida primeiro. Quando toda resistência ao engajamento mental na virtude é superada, os ventos de energia que fluem através do corpo tornam-se utilizáveis. Isso faz surgir a maleabilidade física, e a bem-aventurança física resultante induz à bem-aventurança mental. Alegria intensa é vivenciada e, quando esta se estabiliza, a permanência serena foi atingida. A alegria inicial é comparada à sensação irrequieta que experimentamos quando recebemos notícias muito boas. Com a realização da permanência serena, um estado mental dos reinos superiores, resultado da meditação, é vivenciado pela primeira vez.

Com frequência, as pessoas querem instruções concisas de como atingir a permanência serena e não veem necessidade de se referirem aos grandes textos. Mas se vamos partir para uma viagem a um lugar distante precisamos ou conhecer o caminho por nossa própria experiência prévia, ou confiar num bom amigo, ou em instruções precisas para guiar-nos. Se simplesmente vaguearmos sozinhos, dificilmente alcançaremos nossa destinação. Devemos estar equipados com o conhecimento completo de como praticar, senão não reconheceremos os obstáculos e não saberemos como removê-los, ou como aumentar a estabilização meditativa obtida. A orientação de nosso mestre espiritual é essencial para isso; e, se tencionamos praticar em solidão, nosso mestre deveria ser sempre incluído dentro do perímetro escolhido como nosso espaço de meditação.

Em seu *Summary of the Stages of the Path* [Sumário dos estágios do caminho], Tsongkhapa diz:

> *A concentração é um rei com domínio sobre a mente,*
> *Uma vez situada, inamovível como o rei das montanhas.*
> *Quando dirigida, engaja-se com todo tipo de objeto virtuoso*
> *E induz à grande bem-aventurança de um corpo e mente*
>   *maleáveis.*
> *Sabendo disso, os iogues poderosos praticam continuamente*
> *A estabilização meditativa que derrota*
> *Toda distração inimiga.*

Capítulo 6

A SABEDORIA

Obtida uma mente de permanência serena, os sete estágios preparatórios[34] e as concentrações dos reinos da forma e da não forma podem ser desenvolvidos. O propósito principal de desenvolver uma mente de permanência serena é que esta sirva de base para o *insight* especial. Os praticantes de mais alto calibre usam essa ferramenta poderosa para a análise das quatro nobres verdades e para a investigação da realidade, a fim de se livrarem das emoções perturbadoras e se libertarem da existência cíclica. Quando tal concentração elevada é acompanhada pela ausência de apego não apenas a esta vida mas também a vidas futuras dentro da existência cíclica, ela se torna um autêntico caminho espiritual, já que o anseio pela liberdade está presente. Quando acompanhada pela intenção altruística, torna-se uma prática de Bodhisattva.

Uma vez tendo uma mente de permanência serena, podemos sustentar a concentração mesmo durante atividades comuns. A bem-aventurança da maleabilidade reforça a permanência serena, e vice-versa, assim como uma cama confortável ajuda-nos a dormir bem e, quando dormimos bem, a cama parece-nos confortável.

Em *Hundred Verses on Wisdom* [Cem versos sobre a sabedoria][35], Nagarjuna diz:

A raiz de todas as boas qualidades,
Visíveis e invisíveis, é a sabedoria.
Assim, para realizar ambos os tipos,
Agarre-se firmemente à sabedoria.

O conhecimento ou a sabedoria é a raiz de todas as boas qualidades que podemos desenvolver nesta e em vidas futuras. Portanto, vale a pena esforçarmo-nos para obtê-lo, já que sem ele nossa meditação é baseada em fé cega. Todavia, o conhecimento em que falta uma fundação firme de genuína fé pode ser perigoso, na medida em que podemos ser tentados a usá-lo de forma não ética. Para desenvolver tanto a fé quanto o conhecimento, estude os sutras e os grandes textos, ouça os ensinamentos e pense sobre eles, discuta-os para esclarecer dúvidas, mantenha a companhia de amigos inteligentes e faça oferendas de luz para criar causas favoráveis para a iluminação mental.

◆

A SABEDORIA

Contam que, em uma de suas vidas prévias, o discípulo do Buda, Shariputra, célebre por sua profunda compreensão da realidade, foi um alfaiate que instalou uma luz para poder trabalhar à noite. Ele a colocou diante da imagem de um ser iluminado e isso teve consequências de longo alcance. Dizem também que uma das causas de sua grande sabedoria foi a doação, feita por ele numa vida passada, de agulhas e linhas a um monge que costurava para uma comunidade de ordenados.

Uma vez apreciados os benefícios que o conhecimento da realidade nos traz, tomaremos maior interesse nele. O Buda disse que, assim como apenas algumas gotas de néctar sanativo curam todas as doenças, o néctar de clara-luz da vacuidade remove todos os problemas internos e externos dos que o descobrem.

Visto que a mente da maioria das pessoas não é suficientemente desenvolvida e receptiva, há o perigo de compreenderem mal o que lhes é ensinado. No nível das aparências comuns, portanto, o Buda, após sua iluminação, não ensinou por algum tempo, mas, dizem, permaneceu em silêncio na floresta. Brahma e Indra lembraram-no então de seu voto original de atingir a iluminação para o benefício de todos os seres vivos e de que, para o bem deles, havia acumulado mérito e *insight* por um longo período de tempo. Ofereceram ao Buda uma roda de ouro com mil raios, requisitando-lhe os ensinamentos[36]. O Buda inspirara Brahma e Indra a agir dessa forma para demonstrar a preciosidade dos ensinamentos e para que se soubesse que não se deve ensinar sem ser requisitado. Também é importante sempre se certificar se o ensinamento desejado é apropriado para a pessoa que o requisitou, tendo em vista que o propósito dos ensinamentos é trazer benefícios.

Um entendimento completo da realidade liberta-nos da existência cíclica, mas mesmo uma compreensão parcial leva à felicidade em bons renascimentos. É sensato, portanto, investigar a natureza da realidade, em particular a natureza do eu. Em *Yogic Deeds of Bodhisattvas,* Aryadeva diz:

> *A percepção correta [leva a] o supremo estado,*
> *Alguma percepção, a bons renascimentos.*
> *O sábio então expande sempre sua inteligência*
> *Para pensar na natureza interior.*

Se a compreensão da realidade tem implicações tão profundas, por que mais pessoas não a têm? Visto que nossa inteligência e entusiasmo são limitados, achamos a realidade difícil de entender e, embora sua compreensão traga benefícios inimagináveis, os que a obtiveram são tão raros como as estrelas durante o dia. Não obstante, tomemos coragem, pois, se tivermos suficiente entusiasmo, também poderemos descobrir esse néctar precioso.

O interesse pela realidade não significa somente mera curiosidade ociosa, mas uma verdadeira determinação de descobrir como as coisas realmente existem. Aryadeva também diz:

> *Aqueles com pouco mérito*
> *Nem sequer duvidam deste ensinamento.*
> *Manter uma única dúvida*
> *Rasga em pedacinhos a existência mundana.*

A SABEDORIA

Muitas pessoas nem sequer começam a se perguntar sobre a natureza da realidade, ou seja, que todas as coisas carecem de existência inerente e ao mesmo tempo funcionam de forma perfeitamente satisfatória. Mesmo uma dúvida positiva com relação a isso rasga o tecido da existência cíclica. Por quê? Porque durante o breve momento em que nos perguntamos sobre sua verdadeira natureza detemo-nos para considerar a realidade. Esse pequeno esforço pode, um dia, levar-nos a estabelecer a natureza da realidade por nós mesmos, por meio das escrituras e do raciocínio.

Em seu comentário a *Yogic Deeds of Bodhisattvas*, de Aryadeva, Chandrakirti conta a história do capitão de uma embarcação capturado por uma ogra. Ela o previne a nem sequer olhar e, menos ainda, aventurar-se para o lado sul da ilha. Tal advertência desperta sua curiosidade. Um dia, fugindo do olhar vigilante da ogra, ele sai às escondidas. Chegando ao sul, encontra o rei dos cavalos, Balahaka, que salvaria uma pessoa, carregando-a pelo oceano até a outra margem, desde que ela se agarrasse ao menos num único fio de sua crina. E assim o capitão do navio escapou da ilha na qual havia sido mantido prisioneiro.

De maneira semelhante, investigar a realidade e segurar-nos ao menos numa única linha de raciocínio que estabeleça a vacuidade irá nos libertar da prisão do desejo, da hostilidade e da confusão.

O *Treatise on the Middle Way* [Tratado do caminho do meio][37] é a raiz ou o alicerce para todas as outras obras de Nagarjuna que lidam com a filosofia Madhyamika. A visão do caminho do meio nelas proposta é a base dos sutras e dos tantras e é o sistema filosófico mais elevado das tradições budistas da Índia e do Tibete. Não há visão mais clara ou mais sutil da realidade, e duvido que algum dia haverá.

No *Praise of Dependent Arising* [Elogio ao surgimento dependente][38], em que expressa sua gratidão ao Buda por ter explicado a natureza de surgimento dependente das coisas, Tsongkhapa diz:

> *Os muitos problemas do mundo*
> *Têm sua raiz na ignorância.*
> *[O Buda] ensinou o surgimento dependente,*
> *Por meio do ver, que detém a ignorância.*

O mundo aqui se refere aos nossos agregados contaminados. Estes, e as pessoas a eles atribuídas, sofrem constante mudança e desintegração. Aquele que assume repetidamente esses agregados contaminados e não consegue livrar-se deles é uma pessoa mundana, uma pessoa na existência cíclica. De fato, embora falemos do corpo e da mente como se fossem nossa propriedade, é impossível separar claramente o eu do corpo e da mente.

Os problemas aos quais Tsongkhapa se refere são: nascimento, envelhecimento, doença e morte, sermos separados do que gostamos, não obtermos o que queremos e obtermos o que não queremos. Esses problemas nos afetam a todos, mas, além disso, cada um de nós vivencia nossa quota de dificuldades físicas e mentais pessoais. Estamos tão acostumados a tudo isso que não mais notamos como é doloroso, exceto quando o sofrimento se torna intenso.

Todos esses problemas provêm de ações contaminadas e emoções perturbadoras. As marcas de ações contaminadas passadas são ativadas pelo desejo, e novas ações contaminadas são iniciadas pela ignorância. Essa ignorância é a noção de que a pessoa e outros fenômenos têm existência inerente, e só pode ser extirpada por uma compreensão diametralmente oposta, a saber, que a pessoa e outros fenômenos são vazios de qualquer existência intrínseca. O ensinamento do Buda sobre o surgimento dependente conduz a essa compreensão, que produz diferentes resultados, dependendo das atitudes que a acompanham, da extensão de tempo usada para cultivá-la e da inteligência do praticante.

O capítulo 18 do *Treatise on the Middle Way*, de Nagarjuna, explica como meditar sobre a ausência do eu de pessoas e de outros fenômenos. A quem se dirige? Embora outros seres possam ser capazes de fazer uso dele, dirige-se certamente a nós, seres humanos com um interesse na realidade. Porém, o grande trabalho de Nagarjuna não pode produzir nenhuma mudança em nós se não desempenhamos um papel ativo. Será que poderemos dizer que o ensinamento de Nagarjuna está vivo se ele permanece entre as capas de um livro ou fica cuidadosamente embrulhado num brocado e guardado numa prateleira, como uma peça de museu?

São necessários inteligência, interesse e esforço para compreender a realidade, além da fé, também mencionada como pré-requisito. O tipo de fé que aprecia os benefícios de obter uma compreensão da realidade faz surgir a aspiração e o esforço. Contudo, a fé – base principal e pré-requisito para o desenvolvimento da sabedoria – é a convicção relativa à conexão entre ações e seus efeitos.

AS SEIS PERFEIÇÕES

Em *Precious Garland*, Nagarjuna diz:

Um renascimento superior é considerado felicidade,
A bondade definitiva, liberação.
Em resumo, o meio para consegui-los
São, brevemente, fé e sabedoria.

Essas palavras resumem a essência das práticas que produzem um bom renascimento, assim como a liberação e a iluminação. Das duas, fé e sabedoria, a sabedoria é mais importante, já que só ela pode libertar-nos completamente da existência cíclica. No entanto, a convicção relativa à conexão entre ações e seus efeitos é essencial se esperamos alcançar os bons renascimentos de que precisaremos, até obter a liberação. A compreensão da realidade fortalece nossa crença na relação entre ações e seus efeitos.

Será que investigar a natureza da nossa mente produz os mesmos resultados que investigar a natureza da realidade? Podemos falar sobre a natureza convencional e a natureza última da mente. O aspecto convencional é principalmente sua natureza luminosa e cognitiva, que é exclusiva à consciência e não é compartilhada com outros fenômenos. Sua natureza última é a mesma que a de todos os outros fenômenos. Apenas as bases da vacuidade diferem, mas a vacuidade em si é sempre a mesma. Uma vez compreendida a vacuidade de um único fenômeno, torna-se fácil compreender a de outros. Ao superar a concepção errônea de que as coisas têm existência inerente, nós nos livraremos das atitudes e emoções perturbadoras que nos aprisionam na existência cíclica.

◆

A SABEDORIA

Uma interpretação errônea de certas passagens dos sutras afirma que tudo é mera conceitualização, simplesmente imputada e da natureza da mente; é a noção equivocada de que tudo é mente. Visto ser a mente inencontrável como algo com forma ou cor, pode-se então concluir que ela não tem existência e que, portanto, nada mais existe tampouco. Focalizando-se essa ausência, pode-se presumir equivocadamente haver-se adquirido uma compreensão da vacuidade.

Se quisermos que nossa abordagem da realidade tenha significado real em termos de nossa experiência e não permaneça no nível da especulação intelectual, precisaremos seguir a apresentação das quatro nobres verdades do Buda, contemplando primeiramente o sofrimento que temos e compartilhamos com os outros. Quando sentirmos uma genuína sensação de aversão a ele, deveremos procurar suas causas. Quando reconhecermos serem essas nossas próprias ações e emoções contaminadas, que brotam da ignorância, entenderemos que adquirirmos ou não a liberdade de nossa condição presente depende de podermos ou não nos livrar dessa ignorância. Esta é a chave.

Nem todo pensamento "eu mesmo"* é uma concepção errônea do eu. A concepção errônea é a que toma o eu como objetivamente existente – por si próprio –, como parece. Essa concepção inata de "eu mesmo" e "meu" adere-se ao eu e exige sua felicidade; tudo o que é conside-

---

* Neste capítulo surge a distinção entre a palavra "self" (que temos traduzido como "eu") e "I". Optamos por traduzir o "I" por "eu mesmo" e mantê-lo entre aspas, como no original. (N. da T.)

rado "meu" parece destinado a assegurá-la. As emoções perturbadoras surgem como resultado e instigam ações que levam ao sofrimento. A falsa visão da coleção transitória[39] como um "eu mesmo" e "meu" reais subjaz a todas as nossas aflições.

A única maneira de a superarmos é refutar a existência daquilo a que se adere – um eu objetivamente existente. Este é o objeto de negação. Quando esse eu fabricado for visto como não tendo existência, a falsa visão cessará. O que permanece quando a existência do eu aparente foi refutada é o eu como realmente existe. Apenas a fabricação – o eu como parece existir – é refutada.

O objeto de negação pelo raciocínio é algo totalmente não existente. Caso contrário, como sua não existência poderia ser estabelecida pela lógica? Por outro lado, nossa concepção errônea do eu é, no momento, realmente existente; mas, ao compreendermos a não existência do objeto a que se adere, ela gradualmente desaparecerá. Assim, o objeto de negação pelo caminho da compreensão é algo que existe, mas será eliminado por meio da prática.

Quando iniciamos a busca do eu como ele se apresenta, precisamos primeiro identificar exatamente o que está sendo procurado. Apenas a confiança nas afirmações de seus professores e dos grandes mestres de que nada tem existência verdadeira não pode ocasionar uma mudança em suas percepções. Repeti-las para nós mesmos quando sentamos para meditar pode implantar marcas valiosas, mas não pode induzir à convicção da experiência pessoal.

Tendo reconhecido a importância de negarmos a existência verdadeira do eu e compreendendo que essa negação é feita por meio do raciocínio, podemos concluir que isso deve ser alcançado enquanto estudamos os ensinamentos e neles pensamos, mas que, durante a meditação, nossa mente deveria estar livre de toda conceitualidade. Isso é um erro. Em *Supplement to the Middle Way*, o grande mestre Chandrakirti diz:

> *Quando a mente vê que todas as emoções perturbadoras e*
>   *todas as falhas*
> *Surgem da visão da coleção transitória,*
> *E compreendendo que o eu é seu objeto,*
> *O iogue refuta o eu.*

Um iogue é aquele que pratica a meditação. Entendendo que a visão falsa da coleção transitória toma como seu objeto o eu real e o distorce, o meditador refuta o eu verdadeiramente existente.

Se somos incapazes de estabelecer a natureza da realidade por meio do raciocínio, mas temos confiança na asserção de nosso mestre espiritual de que tudo carece de um eu e a mantemos em mente, isso, embora não seja uma meditação sobre a vacuidade, tem o poder de purificar muitas obstruções cármicas e cria marcas valiosas para uma futura compreensão. Nos sutras há afirmações de que confiança e crença na vacuidade podem até mesmo purificar as ações mais graves, como matar os próprios pais. Ainda assim, já que pretendemos ser inteligentes, não deveríamos nos contentar com a mera fé, mas seguir os métodos para a compreensão da realidade expostos pelo nobre pai Nagarjuna e seus filhos espirituais Aryadeva e Chandrakirti. A simples menção de seus nomes me dá felicidade.

Eles estabeleceram a natureza da realidade por meio de muitas linhas diferentes de raciocínio, mas uma relativamente fácil de compreender é a de que essa natureza não é nem uma nem muitas. Nessa abordagem, há quatro pontos essenciais. O primeiro é identificar claramente o objeto da refutação, ou seja, o que se busca. Este é o eu como aparece ao senso instintivo de "eu mesmo". Então precisamos obter certeza de que se o eu existisse como parece só haveria duas possibilidades: ou deveria ser totalmente idêntico aos agregados que constituem corpo e mente, ou distinto deles[40].

A busca então é feita até que se torne evidente que o eu não pode ser encontrado como uno, inseparavelmente, com os agregados, ou como distinto deles. Se perdemos uma vaca e pretendemos procurá-la, nós nos certificamos de como ela é. Será uma vaca parda, ou preta e branca? Tem chifres compridos ou curtos? E então precisamos saber onde procurar e ter certeza de que, se não estiver nesses lugares, ela realmente desapareceu. Procuramos no primeiro pasto, olhando cada canto e atrás de cada arbusto, mas não a encontramos. Então começamos a procurar no outro pasto, atrás dos pedregulhos à beira do rio, nos bosques, por todo lado, mas também lá não está. A essa altura, estamos vividamente conscientes da ausência da vaca.

Meditar sobre a vacuidade não é apenas uma questão de sentar e começar. Toda prática budista autêntica é precedida pela sincera tomada de refúgio. Isso envolve certos pré-requisitos: compreendermos em que tomamos refúgio, como tomar refúgio e os compromissos envolvidos[41]. É impossível tomar refúgio verdadeiro se não sentimos aversão à existência cíclica e não confiamos nas Três Joias. Tampouco podemos tomar refúgio se não sabemos sobre os seres iluminados, seus ensinamentos e a comunidade espiritual. Quando tomamos refúgio, entregamo-nos aos cuidados dos seres iluminados, como uma pessoa doente recorre a um médico. Encaramos os ensinamentos como o remédio, e a comunidade espiritual como nossos enfermeiros. Nosso objetivo é alcançar a boa saúde e a cura da doença que nos aflige. Compreendermos o que significa tomar refúgio e, de fato, fazê-lo só será eficiente se mantivermos os compromissos.

Em seguida, pensamos sobre os seres vivos e como todos foram nossas mães, pais, irmãos e irmãs, em inúmeras vidas passadas; como nos alimentaram e nos trataram com bondade, e como, por sua concepção errônea do eu, estão atados à existência cíclica, vivenciando muitos tipos de sofrimento físico e mental, inclusive nascimento, doença, envelhecimento e morte. Não se trata de um conto de fadas. Olhe à sua volta! A evidência do sofrimento deles nos confronta em toda parte. Tente sentir uma conexão forte com eles, vê-los como próximos e queridos e então pense em seu sofrimento e como lhes falta até mesmo a felicidade comum, para não mencionar a duradoura felicidade transcendente.

Quanto mais amoráveis nos parecerem, mais seu sofrimento nos comoverá, despertando o desejo de libertá-los e dar-lhes felicidade. Se não sentirmos afeição real por eles, poderemos muito bem sentir satisfação em ver aqueles de quem não gostamos sofrerem. Não desanimemos com o fato de, no presente, não acharmos amoráveis todas as criaturas viventes. Aprender a vê-las dessa maneira exige esforço enérgico e muita meditação analítica.

É mais fácil reconhecermos seus sofrimentos que vê-los como amoráveis, mas, mesmo assim, tendemos a sentir compaixão apenas por aqueles que são destituídos ou obviamente necessitados, e não por aqueles que usam roupas de grife e dirigem carros velozes. No entanto, todos os seres vivos comuns têm a concepção errônea básica do eu, da qual as emoções perturbadoras surgem, e todos sofrem de múltiplas maneiras.

Embora estejamos determinados a aliviar seu sofrimento e dar-lhes felicidade, a enormidade dessa tarefa, em vista de nossas limitadas capacidades presentes, parece esmagadora. Resolvemos por isso atingir a iluminação exclusivamente para o benefício deles e, por essa razão, começamos a meditar sobre a vacuidade. Nossa meditação sobre a vacuidade torna-se uma prática do Grande Veículo se esses são os pensamentos e sentimentos que a motivam. Tomarmos refúgio sincero e gerarmos a intenção altruística muda qualitativamente as práticas do ouvir, pensar e meditar.

Isso deveria ser seguido por uma sessão curta ou longa de devoção ao mestre espiritual. Visualize seu mestre espiritual na forma do Buda, na forma de sua divindade meditacional pessoal ou na própria forma dele ou dela, e então realize a prática das sete partes para purificar as negatividades e criar energia positiva[42]. Faça uma oferenda de mandala curta ou longa e solicite bênçãos para que sua mente se volte em direção aos ensinamentos, para que você possa praticá-los sem obstáculos. Solicite bênçãos para que possa superar os modos distorcidos de pensar, cultivar os não distorcidos e desenvolver amor, compaixão, a intenção altruística e compreensão da realidade, por meio da qual se livrará da confusão na raiz da existência cíclica. Isso abre seu coração para o calor das bênçãos e prepara sua mente para a meditação.

Agora, sentando numa boa postura de meditação[43], comece com o primeiro dos quatro pontos de análise. Crie a intenção de reconhecer como o eu aparece ao pensamento instintivo "eu mesmo". Então relaxe e tente descansar a mente por algum tempo num estado natural, não forçado, sem permitir-lhe vaguear para a distração. O pensamento "eu mesmo" pode aflorar espontaneamente por si; senão, convide-o. Como o eu aparece para esse pensamento "eu mesmo"?

Quando tentamos identificar o eu, cuja busca deveremos realizar e cuja existência negaremos, a orientação de nossos professores e de mestres do passado, que ganharam experiência pessoal nisso, é essencial porque eles nos dizem que, se o "eu mesmo" aparece dessa ou daquela forma, ainda não identificamos, de fato, o objeto de refutação corretamente.

Tanto o pensamento normal "eu mesmo" como as concepções do eu enfocam o eu validamente existente. Sabemos que o eu existe, pois podemos fazer afirmações como "eu estou sentado", "eu estou comendo", "eu estou confortável", "eu estou feliz". Se não houvesse um eu de forma alguma, tais afirmações não teriam sentido. Mas como esse eu existe realmente? Existe nominalmente, como atribuído por nome e pensamento aos agregados, e não por si próprio, como parece existir.

A mera atribuição por nome e pensamento é o nível sutil de existência convencional. Se falharmos em estabelecer esse nível de existência, também falharemos em estabelecer corretamente a natureza fundamental das coisas. Enquanto as duas verdades, a convencional e a última, não puderem ser estabelecidas, não haverá possibilidade de liberação. A liberação depende da compreensão da vacuidade, mas uma compreensão correta e não distorcida da existência convencional é a base indispensável para nos aproximarmos da natureza última ou fundamental da realidade. A vacuidade não pode ser compreendida se não sabemos o que é vazio de existência inerente e as premissas que estabelecem a vacuidade, tais como a premissa do surgimento dependente. Esses são fenômenos convencionais.

Como o "eu mesmo" aparece? Como separado e não associado com corpo e mente, como se existisse sob seu próprio poder, em si e por si mesmo. Essa é a aparência de existência verdadeira; no entanto, nada existe dessa maneira. Nada existe como parece. Até que saibamos o que estamos procurando, não podemos apreender sua ausência. Uma vez que o objeto de negação foi identificado corretamente, a vacuidade fica relativamente fácil de compreender.

Imagine-se tateando no escuro à procura de uma panela. Quando suas mãos a tocam, você pensa "é ela", e a panela não parece de maneira alguma com algo designado pelo pensamento; parece muito dura e real, e bastante objetivamente existente por si própria. Reconhecer o objeto de refutação é difícil. Tudo o que aparece à nossa mente e sentidos parece existir objetivamente, e não como designado pelo pensamento. É assim que as coisas aparentam a seres comuns, e por isso se diz que todas as suas percepções, mesmo as válidas, são errôneas. Visto que as percepções válidas convencionais de seres sencientes são afetadas pelas marcas da ignorância, são errôneas do ponto de vista de que tudo parece verdadeiramente existente para eles.

Quando assentimos a essa aparência com relação ao eu, mantemos uma concepção de um eu de pessoas, e quando assentimos a ela no caso de outras coisas, tais como corpo e mente, sustentamos uma concepção de um eu de fenômenos. Essas concepções errôneas são a raiz da existência cíclica, e a maneira de superá-las é compreender que o objeto ao qual aderem não existe de forma alguma. Só então essas concepções inatas cessarão.

A meditação sobre a ausência do eu não é feita retirando-se a mente de concepções de um eu, da maneira como paramos de pensar sobre algo que vem nos perturbando. A meditação sobre a ausência do eu envolve identificarmos o objeto de negação – o eu de aparência inerentemente existente – e então compreendermos a ausência de tal eu.

O capítulo 18 do *Treatise on the Middle Way*, de Nagarjuna, consiste em doze versos que resumem os conteúdos das partes anteriores e posteriores do livro e os apresentam em termos de prática. No *Ocean of Reasoning* [Oceano de raciocínios][44], seu comentário sobre o texto de Nagarjuna, Tsongkhapa devota extensiva atenção à identificação do objeto de negação, enfatizando o fato de que tudo é imputado pelo pensamento, com o corolário de que nada existe que não seja assim.

Ao longo de todo o seu *Great Exposition of the Stages of the Path*, desde a seção que lida com o cultivo da relação com o mestre espiritual, na qual suas qualidades e bondade são enfatizadas, até a parte concernente à realização da budeidade, Tsongkhapa procura fazer-nos conscientes das coisas como realmente são. Os grandes textos acentuam repetidamente a necessidade de estabelecer a impermanência e a ausência do eu, mas onde devem ser estabelecidas? Não em coisas, já que a impermanência e a ausência do eu são uma parte natural delas de qualquer modo, mas sim em nossas mentes.

Todos os produtos de causas e condições são totalmente instáveis e mudam a cada momento. Quando refletimos sobre isso, sabemos que é verdade, e no entanto tais coisas parecem duradouras e imutáveis. Nossos problemas originam-se do fato de que assentimos a essa aparência e agimos de acordo com ela. Tudo o que existe existe em relação a e dependendo de outros fatores; no entanto, as coisas parecem existir independente e objetivamente. Esse modo de existência é o objeto de refutação. O objetivo da meditação sobre a impermanência e sobre a ausência do eu é capacitar-nos a ver as coisas como realmente são. Em ambos os casos, elas parecem existir de uma maneira mas existem de outra.

Se o eu existisse da maneira como parece, deveria ser encontrável, e só há duas possibilidades: ou ele é uno com corpo e mente, ou é distinto deles. A impossibilidade desse último modo de existência é relativamente fácil de estabelecer, pois, se o eu fosse distinto, ainda deveria ser demonstrável quando é eliminado cada elemento de corpo e mente. Normalmente não pensamos sobre isso de modo algum, mas, ao fazermos, podemos ver que o eu não poderia existir dessa maneira.

Pesquisamos então para localizar o eu dentro de corpo e mente. Em *Precious Garland*, Nagarjuna demonstra como o eu não é nenhuma das partes do corpo às quais ele se refere em termos dos seis elementos constituintes. O eu não é nenhuma da partes duras do corpo, como dentes, unhas, pele ou ossos, que constituem o elemento terra. Nem é o elemento água, todos os fluidos do corpo, tais como urina, saliva, suor, lágrimas ou sangue. Nem é o calor do corpo, o elemento fogo, nem a respiração, que é o elemento vento, ou os orifícios, que são o elemento espaço. Nenhuma dessas partes do corpo revela um eu. Quando começamos a pesquisar a mente, descobrimos que o eu tampouco é qualquer das diferentes formas de consciência.

O eu validamente existente não pode ser encontrado nem quando o buscamos, mas nesse caso a inencontrabilidade não implica não existência, mas simplesmente existência enganosa. Aqui, entretanto, estamos procurando pelo eu como uma entidade objetivamente existente, que é como ele parece existir. Qualquer coisa objetivamente existente deveria ser encontrável e, nesse caso, a inencontrabilidade denota a não existência do que é procurado.

Em *Precious Garland*, Nagarjuna aponta que também a soma de todas essas partes que perfazem os seis constituintes – terra, água, fogo, ar, espaço e consciência – não é o eu. O todo forma a base de designação para o eu. A base de designação não é o que é designado a ela, nem vice-versa. O eu é como aquele que assume os agregados; os agregados, aquilo que é assumido. Não encontrar o eu procurado significa que o eu não tem existência objetiva, mas é uma mera imputação dependente de outros fatores. A mesma busca pode também ser feita para partes individuais do corpo, tais como a mão.

Há definitivamente um eu. Parece existir da parte dos agregados e, enquanto estamos satisfeitos em deixar a questão assim, tudo funciona a contento; mas, ao começarmos a procurar o eu, ele não pode ser encontrado. Assim o eu é falso e enganoso, já que aparenta uma maneira e existe de outra. É uma mera aparência, meramente imputado, um mero nome, mas não existe como parece. Para obter uma verdadeira compreensão da abordagem de Nagarjuna, devemos considerá-la repetidamente e tentar reconhecer em nossa própria experiência o que ele descreve.

Os sutras da Perfeição da Sabedoria ensinam explicitamente a natureza da realidade, a vacuidade de existência inerente. O conteúdo oculto desses sutras é a explanação dos estágios do caminho. Nagarjuna é o maior comentador desses sutras que já surgiu, e não podemos fazer melhor que acompanhar sua elucidação sobre o tema. Ao estudar e pensar sobre o que o Buda e Nagarjuna ensinaram, mantemos vivos os ensinamentos. Grandes mestres, ao longo dos tempos, acentuaram a importância da tradição viva e buscaram passar-nos os ensinamentos como se fossem carvões em brasa. Quando os carvões se esfriam, nós os jogamos fora. Nenhum benefício real – a saber, uma transformação em nossa maneira de pensar e sentir – pode ocorrer

A SABEDORIA

sem essa tradição viva, na qual os ensinamentos são passados de mestre a discípulo.

Nos dias de hoje, a relação especial que existia no passado entre discípulos e mestres tornou-se fora de moda, mas antes os discípulos, com toda naturalidade, tiravam seus sapatos quando se aproximavam da porta de seu mestre e falavam baixo por respeito. Isso era voluntário, não imposto, e não precisava ser ensinado, pois pertencia a um estilo de vida que podiam observar à sua volta. Completa confiança, respeito mútuo e um senso de compromisso são a base essencial para uma relação proveitosa entre mestre e discípulo.

Todas as coisas que percebemos parecem intrinsecamente existentes. Elas existem, mas não como parecem. Nossa tendência a tratá-las como se fossem imutáveis e independentemente existentes causa-nos dor. Amigos e inimigos parecem fixos em seus papéis; poder, autoridade e riqueza parecem duradouros. Os ensinamentos contradizem essas aparências, não para aumentar nossa infelicidade, mas para ajudar-nos a reconhecer nossa verdadeira situação, a fim de que possamos encontrar a felicidade.

Provavelmente o eu é distinto dos agregados; de outra forma, o que segue para outras vidas? O eu e os agregados são diferentes, mas são uma entidade. Por exemplo, o eu não é uma entidade separada da mão, caso contrário não poderíamos dizer "ele me tocou" quando alguém toca nossa mão, ou "eu estou com dor" quando a ferimos. O eu do passado e o eu do futuro são todos partes do *continuum* do eu, mas o eu desta vida cessa na morte.

◆

AS SEIS PERFEIÇÕES

O eu que está sentado e o eu que está em pé pertencem a um *continuum*, mas não são uma entidade. Minha mão, quando eu estava sentado, não é uma entidade com meu eu quando me levantei. Minha mão, como era quando eu estava sentado, não mais existe quando me levantei. Os agregados grosseiros desta vida cessam na morte e não há mais *continuum* de tipo semelhante, ao passo que, embora o eu desta vida também cesse na morte, há um *continuum* ulterior de um tipo semelhante.

O morrer é um processo que precede a morte. A morte de fato e o começo do estado intermediário são simultâneos. Enquanto os ventos de energia grosseiros e estados de consciência grosseiros estão ativos, os sutis não estão, mas, assim que os grosseiros cessam de operar, os sutis começam. No estado intermediário, também temos um corpo, mas, como um corpo onírico, é muito mais sutil que nosso corpo presente. Nesse estado, nosso vento de energia sutil e nossa consciência mental sutil agem como a base de imputação para o "eu mesmo" que continua.

Os sutras não discutem os ventos de energia e a consciência sutis porque, neles, o objetivo principal dos ensinamentos do Buda é ajudar-nos a evitar as mais grosseiras atividades físicas e verbais não saudáveis. Estas são detidas por meio da prática da disciplina ética. Só então podemos eliminar os impedimentos mais sutis à perfeição da concentração, a qual age como base para o desenvolvimento da sabedoria. Sem primeiro purificarmos as manchas mentais mais grosseiras, não podemos esperar remover as mais sutis. Nos sutras, apenas as concepções da existência verdadeira são mencionadas como a raiz da existência cíclica, mas os tantras citam tanto essas concepções quanto os ventos de energia que elas cavalgam.

O mestre tibetano Jangkya Rolpay Dorjay[45] escreveu um pequeno trabalho chamado *Recognizing the Mother* [Reconhecendo a mãe], sobre a compreensão da realidade. Em muitos textos, a realidade e a compreensão dela são referidas como "a mãe". Uma mãe é alguém que deu à luz; os filhos dessa mãe são os quatro tipos de seres sublimes que foram além dos caminhos dos seres comuns: sublimes Ouvidores, sublimes Realizadores Solitários, sublimes Bodhisattvas e sublimes Budas.

Jangkya Rolpay Dorjay fala de como a mãe está presente o tempo todo, mas a pequena criança louca perdeu-a e não consegue encontrá-la. Isso significa que a natureza fundamental da mente está sempre presente na própria mente, mas não estamos cônscios disso. A mente que busca a realidade é referida como uma pequena criança louca. Por sorte, o irmão maior, o surgimento dependente, sussurra o segredo que leva à descoberta – o raciocínio do surgimento dependente leva à descoberta da natureza da realidade. O sussurrar refere-se ao fato de que a princípio a natureza da realidade é compreendida por meio de inferência e só mais tarde diretamente.

Então a criança exclama: "É, é! Não, não, não é!" Quando nenhum exame é feito, as coisas parecem existir por si próprias, mas, tão logo se começa a pesquisar, nada pode ser encontrado.

A mãe – a compreensão da realidade – e o pai – os meios habilidosos – devem ser inseparavelmente unificados. Cultivar as qualidades de pureza na forma de conduta éticamente correta, as qualidades de bondade ao ajudar e não ferir o outro e as qualidades de compreensão, pela qual sabemos o que fazer, leva-nos ao completo desenvolvimento. As emoções perturbadoras, que brotam de nosso apego a um eu que não existe, obstruem nossa paz e felicidade. Esse apego só pode ser superado pela compreensão de que seu objeto é totalmente não existente.

O corpo e a mente e o eu são diferentes, mas o eu não pode ser isolado do corpo e da mente. O eu e os agregados são uma entidade e existem em dependência mútua; este é seu modo de existência convencional. Não obstante, o eu parece não necessitar depender de nada. Como já foi explicado, se existisse como parece, seria inerentemente existente e deveria ser encontrável.

Atendo-nos ao objeto de refutação, devemos obter certeza de que, se o eu existisse como parece, só poderia ser inseparavelmente uno e idêntico a corpo e mente ou bem distinto deles, e de que não há uma terceira possibilidade. Mais fácil falar que fazer! Qualquer pessoa realmente determinada a meditar sobre a natureza do eu deve passar muito tempo observando como ele se mostra em diferentes situações. O eu pelo qual procuramos deveria parecer palpavelmente claro.

Acompanhemos agora alguns dos argumentos de Nagarjuna. Se o eu fosse uno com os agregados, não poderia haver um possuidor deles nem aquilo que é possuído. A cognição convencional válida postula os dois como diferentes. Isso não é invalidado por nenhuma outra cognição convencional válida nem pela cognição de raciocínio que investiga o nível último da verdade[46]. Mais ainda, se o eu e os agregados fossem um, deveria haver ou cinco eus, já que há cinco agregados, ou somente um agregado, já que há um eu.

Ao final desta vida, quando o corpo é cremado, o eu necessariamente terminaria. Nesse caso, como seria possível a memória de pessoas comuns, sem poderes de clarividência, sobre suas vidas passadas?

Se o eu e os agregados fossem inerentemente distintos, ou seja, totalmente não relacionados, as características dos agregados – produção, duração e desintegração – não concerniriam ao eu. O eu seria então um não produto. As características do corpo, tais como dimensão, não se aplicariam ao eu e não se poderia dizer "eu sou alto". Os sentimentos não seriam relacionados ao eu e não se poderia dizer "eu estou feliz". Os reconhecimentos como "isto é um cachorro" não seriam relacionados ao eu e não se poderia dizer "eu vi um cachorro". Além disso, quando os agregados são eliminados, um eu distintamente existente deveria ser encontrável.

Em seu *Supplement to the Middle Way*, Chandrakirti diz:

A própria mente cria o mundo dos seres vivos
E o mundo extremamente diverso que é o recipiente.
Diz-se que os seres, sem exceção, surgem de ações.
Se a mente é eliminada, tampouco há ações.

Tanto o mundo físico, referido como o recipiente, quanto seus conteúdos, os seres vivos, são criados pela mente. O Buda disse que nós mesmos e nosso ambiente somos o resultado de ações passadas. Os corpos e as mentes dos seres vivos resultam de suas ações pessoais prévias, enquanto o ambiente que compartilhamos com os outros vem a existir por meio de ações realizadas em comum. Estas podem ser virtuosas ou não virtuosas: ações virtuosas resultam em felicidade e num ambiente saudável; uma mistura de ações virtuosas e não virtuosas leva a resultados mistos; e ações completamente não virtuosas levam ao sofrimento e a um ambiente insalubre. As atividades de corpo e fala vêm da intenção, que está presente porque há atividade mental.

Visto que a felicidade e a infelicidade dependem de a mente estar numa condição pacífica ou não pacífica, treiná-la é nossa tarefa principal. Somos pessoalmente responsáveis por nossa felicidade. As ações virtuosas criam o bem pessoal e o bem comum, enquanto as emoções perturbadoras tornam a mente agitada e fazem surgir ações que transtornam os outros e destroem-lhes a paz.

Quando a mente é dominada pelas emoções perturbadoras, torna-se turva, e não conseguimos ver com clareza. Como a água, a mente é pura por natureza, e os fatores poluentes são extrínsecos. Assim como um cristal é usado para purificar a água e remover poluentes, a mente é purificada dessas emoções aplicando-se antídotos a elas. Dado que a mente pode ser libertada de todas as falhas e desenvolver qualidades maravilhosas, sua natureza básica, e consequentemente a natureza dos seres vivos, é pura e boa.

Dizem que todos os seres vivos têm natureza búdica porque possuem essa pureza básica e todo o necessário para o desenvolvimento interior. A natureza e a pureza fundamentais da mente de um ser comum não são diferentes das de um Buda. Já que as manchas mentais são temporárias, não estamos condenados a permanecer do jeito que somos, mas podemos atingir a iluminação, desde que tenhamos suficiente energia e entusiasmo.

A causa de nossa condição presente é a ignorância relativa à realidade. Não apenas não sabemos como as coisas realmente existem, mas distorcemos seu modo de existência. Ao compreender corretamente a realidade, podemos nos livrar dos três venenos, das ações baseadas neles e do sofrimento resultante. É portanto de suma importância compreendermos, controlarmos e transformarmos nossas várias atividades mentais. O ímpeto para fazê-lo vem não de alguma disciplina imposta, mas surge naturalmente da compreensão do valor do controle mental.

Quando analisamos para descobrir se o eu, que parece existir objetivamente, é inseparavelmente uno com os agregados ou distinto deles, ele não pode ser encontrado. Embora essa inencontrabilidade denote que o eu não tem existência inerente, nesse momento durante a meditação não pensamos "isso significa que o eu não é inerentemente existente", nem "o eu não tem existência inerente, mas há um eu nominalmente existente". O que aparece à mente é uma mera negação não afirmativa ou simples ausência.

Vivenciarmos a ausência do que estávamos procurando é um lampejo da visão correta. A atenção é mantida nele até que comece a esmaecer. Então o induzimos novamente por meio da análise. Embora no presente não sejamos capazes de entrar em equilíbrio meditativo apropriado, aproximamo-nos do "equilíbrio meditativo semelhante ao espaço"[47], focalizando a ausência ou vacuidade do que foi buscado.

Ao emergirmos dessa meditação, o "eu mesmo" aparece mais uma vez, e o pensamento "eu mesmo" surge novamente. Agora, pela força da meditação precedente, compreendemos que o "eu mesmo" aparece, mas é vazio, e embora vazio aparece. Ele é, portanto, falso, como uma ilusão mágica[48]. Qualquer um acostumado com espelhos sabe que o reflexo de seu rosto não é o rosto real e, contudo, percebe a face que aparece no espelho.

O pensamento "eu mesmo" e "meu" está constantemente presente. Podemos pensar que não vemos o "eu mesmo" e o "meu" como existentes de forma inerente, mas tão logo alguém faça a menor acusação ou crítica, ou ocorra qualquer provocação, o "eu mesmo" e o "meu" avultam-se, parecem muito reais, e de maneira alguma meramente atribuídos a corpo e mente.

O *Treatise on the Middle Way* diz que, tendo estabelecido a existência não inerente do "eu mesmo", como poderia o "meu" ter existência inerente? O *King of Meditative Stabilizations Sutra* [Sutra do rei das estabilizações meditativas] aconselha-nos a primeiro estabelecermos a ausência de existência inerente da pessoa, a saber, do "eu mesmo" e "meu", e então a de outros fenômenos. Embora não haja diferença em sutileza entre a ausência do eu da pessoa e a de outros fenômenos, há muitas diferenças entre as bases da ausência do eu. Diz-se portanto ser um pouco mais fácil compreendermos a ausência do eu da pessoa, comparada à de outros fenômenos, porque é impossível pensarmos sobre a pessoa, exceto em referência a corpo e mente. Não podemos trazer à mente uma pessoa sem pensar em seus agregados – a base de designação dela. Isso indica claramente a natureza de surgimento dependente das pessoas.

A consciência que apreende a inencontrabilidade e, assim, a existência não inerente do "eu mesmo" não apreende a existência não inerente do "meu", mas, pela força do raciocínio que estabelece a existência não inerente do "eu mesmo", a existência não inerente do "meu" será compreendida por meio de uma simples mudança de foco. Uma vez que compreendemos a vacuidade do "eu mesmo" e "meu", encontramos a visão diametralmente oposta às concepções errôneas que formam a raiz da existência cíclica. Ao nos familiarizarmos com isso, eliminaremos, com o tempo, as emoções perturbadoras e obteremos a liberação.

Quando a visão falsa da coleção transitória é dissipada pela compreensão correta de como o "eu mesmo" e "meu" existem, continuamos a nos acostumar a essa, até que a consciência subjetiva que apreende e a vacuidade – o objeto apreendido – sejam vivenciadas como unas, e nenhuma espécie de convencionalidade apareça à mente. Essa experiência denota um alto nível de realização. Quando a vacuidade é inicialmente compreendida, ela é apreendida mediante uma imagem mental que impede a clareza. A essa altura, as convencionalidades ainda estão fortemente aparentes, mas, ao longo da prática, através dos caminhos de acumulação e preparação que precedem a cognição direta da vacuidade, os véus impostos pela imagem mental tornam-se mais finos, e a vacuidade torna-se mais clara. No último momento do caminho de preparação, caem os véus, e todos os sinais de existência convencional são pacificados. O caminho da visão é atingido quando a vacuidade é percebida diretamente.

As concepções da existência inerente podem ser superadas por meio dessa compreensão, pois ela é um modo de apreendermos a realidade completamente antitético à maneira pela qual a concepção de existência inerente a apreende. Uma vez estabelecida a vacuidade, é necessário desenvolvermos uma combinação de permanência serena e *insight* especial, focando a existência não inerente do "eu mesmo" e "meu". Esse é o meio de banirmos para sempre todas as falsas visões da coleção transitória.

Nagarjuna agora responde a uma objeção relativa ao fato de que há, afinal, um praticante empenhado em se livrar da concepção errônea do "eu mesmo" e "meu". Enquanto existir tal praticante, por certo deverá haver um "eu mesmo" e "meu" reais. Quando a existência não-inerente do "eu mesmo" e "meu" já foi conclusivamente estabelecida, que outro tipo de "eu mesmo" e "meu" reais pode haver? Enquanto persiste qualquer apego a um "eu mesmo" e "meu" inerentemente existentes, ainda não compreendemos a vacuidade. Sem a compreensão da vacuidade, a falsa visão sobre a coleção transitória não pode ser desalojada e continua a agir como fonte de ações compulsivas que nos mantêm na existência cíclica.

Ao meditar sobre a ausência do eu, superamos as concepções de um eu, enfocando o "eu mesmo" interno e o "meu" externo, assim como todas as atitudes e emoções perturbadoras que brotam da visão falsa da coleção transitória. Aqui, particularmente, Nagarjuna refere-se aos quatro tipos de apego: o primeiro é o apego aos objetos do desejo, ou seja, aos estímulos sensórios. O segundo é o apego a pontos de vista; estes incluem visões errôneas, visões extremas e visões que mantêm como supremas a disciplina e a conduta faltosas. O terceiro é o apego a formas de disciplina e conduta associadas a visões errôneas; e o quarto é o apego à visão falsa da coleção transitória[49]. Quando estes são superados, as ações que projetam a existência cíclica interrompem-se, e o nascimento dentro da existência cíclica cessa. Essa é a obtenção da liberação.

Duas percepções da realidade estão em questão aqui. Enquanto a compreensão da ausência do eu torna-se mais clara, quanto mais raciocínio e análise aplicamos, as concepções de existência inerente não podem sustentar escrutínio lógico e são solapadas pelo raciocínio. A ignorância desencadeia novas ações que dão continuidade à existência cíclica. Essas ações cessam em seu segundo momento, deixando marcas que são, mais tarde, acionadas por anseio e apego. Quando anseio e apego cessam, ainda que as marcas de ações passadas possam estar presentes, elas não darão origem à contínua existência cíclica, assim como uma semente privada de umidade não brotará.

A existência cíclica é o estado de nos encontrarmos presos aos agregados contaminados pelas correntes de ações compulsivas e de emoções perturbadoras. A liberação é a libertação dessas correntes. A pessoa não deixa de existir quando as ações contaminadas e as emoções perturbadoras cessam, mas vivencia um estado de liberdade do sofrimento. Quando as diferentes formas de anseio e apego cessam, não há apego a esta vida nem o agarrar-se a uma vida futura. Visto que a ausência destes impede o aciona mento das marcas, a existência – o décimo elo no processo, que é classificado como "ação" e assinala o momento em que a marca ativada está para produzir seu resultado – não ocorre. Sem isso não há nascimento e, consequentemente, nem doença, envelhecimento ou morte[50].

Assim, o final das ações contaminadas e emoções perturbadoras é a liberação. Mas como elas são finalizadas? As ações brotam das emoções perturbadoras, particularmente apego e aversão. Apego e aversão surgem quando encontramos algo atraente ou repulsivo e respondemos com uma abordagem mental incorreta, que distorce e exagera a atratividade ou repulsa do objeto. Apego e aversão, portanto, surgem da conceitualidade.

Isso demonstra que todos os fatores envolvidos ocorrem dependentemente e não existem por si próprios. A conceitualidade dessa abordagem mental incorreta vem de nosso apego ao que é dito e às palavras que o dizem, ao que é conhecido e àquilo que o conhece, ao que é produzido e àquilo que o produz, a homens e mulheres e a todas as coisas como se fossem verdadeiramente existentes. Ao longo do tempo, fomos acostumados a ver as coisas dessa forma; pode-se dizer, por conseguinte, que essa abordagem mental incorreta surge de marcas. Quando rompemos as fabricações criadas por noções de existência verdadeira e compreendemos esses objetos como vazios de existência inerente, a abordagem mental incorreta, e tudo o que deriva dela, cessa.

Em *Yogic Deeds of Bodhisattvas*, de Aryadeva, escrito como um comentário ao *Treatise on the Middle Way*, de

Nagarjuna, os capítulos 8 e 12 elucidam muitos pontos nos quais Nagarjuna toca em seu capítulo 18. Aryadeva diz:

Em resumo, os Tathagatas explicam
A virtude como não-violência
E a vacuidade como nirvana –
Aqui há apenas essas duas.

O início do *Precious Garland* de Nagarjuna descreve dezesseis práticas que conduzem a um alto renascimento e à liberação[51]. Nagarjuna indica que qualquer prática que não consista em eliminar o mal ou realizar o bem não é uma prática autêntica do ensinamento do Buda. Eis um critério que deveríamos considerar. Ele diz:

Apenas mortificar o corpo não é
Prática dos ensinamentos, porque por meio disso
O mal aos outros não é eliminado,
Nem são eles ajudados.

A vacuidade também é referida como o "nirvana natural". Familiarizarmo-nos com a compreensão da vacuidade, até que sujeito e objeto tenham o mesmo gosto e sejam como água despejada em água, é a maneira de nos livrarmos das fabricações criadas pela conceitualidade e de suas marcas. Tal compreensão da vacuidade é necessariamente baseada na estabilização meditativa, e esta, por sua vez, requer uma fundação sólida de disciplina ética ou conduta não violenta.

Ao ouvirmos repetidamente os ensinamentos, pensarmos sobre eles e meditarmos a fim de integrá-los, eles se tornam completamente familiares. Começamos a obter *insights* quando nossa maneira de pensar concorda com os ensinamentos, e vivenciamos, de fato, o que é descrito. Nossa relutância em pensar repetida e profundamente sobre o que ouvimos ou lemos é um mecanismo de defesa, porque não queremos realmente mudar. Preferiríamos apenas ouvir alguns novos ensinamentos ou escutar o que é familiar, expresso de maneira original ou poética. Nossa resistência arraigada impede-nos de absorver o que escutamos ou lemos e, quando tentamos reconstituir o que foi dito, podemos quase lembrar, mas não de fato. Nesse caso, como podemos esperar que nosso contato com os ensinamentos faça alguma coisa além de deixar algumas marcas?

A próxima objeção à qual Nagarjuna responde relaciona-se ao fato de, já que os textos budistas mencionam repetidamente a importância de domarmos o eu, deve haver um eu. No entanto, outras passagens dizem que não há um eu e não há seres sencientes. Por que há tais contradições?

Essas afirmações não são dirigidas às mesmas pessoas. Algumas negam que o eu continue de uma vida para a próxima e que ações virtuosas ou não-virtuosas nesta vida produzam felicidade ou sofrimento no futuro. As pessoas com tal falta de compreensão são passíveis de realizar muitas ações irresponsáveis e gravemente negativas. A elas o Buda disse que há um eu real, para fazê-las tomar cuidado e encorajá-las a realizar ações positivas, que as protegeriam de maus renascimentos. Um médico hábil não tenta curar todos os males de um paciente ao mesmo tempo, mas trata primeiro o que requer atenção imediata.

A SABEDORIA

Outras pessoas, que já se afastaram da não virtude e estão ativamente engajadas na virtude, ainda assim permanecem firmemente atadas à existência cíclica por meio de concepções de um eu. Como uma pipa que pode voar alto mas permanece amarrada a um fio, essas pessoas assumem bons renascimentos, mesmo no estado mais elevado da existência cíclica, chamado "Pico da Existência", mas não conseguem obter completa liberdade por causa de suas concepções de um eu. Para afrouxar sua preensão de tais concepções, o Buda ensinou àqueles com compreensão intermediária as formas mais rudimentares da ausência do eu[52].

Àqueles com a capacidade de compreender o profundo e àqueles já familiarizados com ensinamentos sobre a realidade, ele ensinou que tanto o eu quanto a ausência do eu são vazios de existência inerente. Assim, suas diferentes afirmações foram destinadas a levar gradualmente à compreensão mais profunda.

O precioso elixir do ensinamento sobre a vacuidade não deveria ser despejado num recipiente que não foi examinado antes. Se os recipientes não estiverem suficientemente preparados para esse ensinamento, poderão interpretar a ausência de existência inerente como significando total inexistência e falhar em fazer a distinção entre ações saudáveis e não saudáveis. Em tal caso, as pessoas podem sentir-se livres para realizar ações seriamente negativas. É claro que, do ponto de vista de sua natureza fundamental, ações saudáveis e não saudáveis são exatamente iguais, mas convencionalmente há uma grande diferença. Em *Yogic Deeds of Bodhisattvas*, Aryadeva diz:

AS SEIS PERFEIÇÕES

Primeiro impeça o demeritório,
Em seguida impeça [ideias sobre um grosseiro] eu.
Mais tarde impeça visões de todos os tipos.
Quem disso sabe é sábio.

É um professor habilidoso alguém que primeiro se concentra em ensinar a conexão entre ações e seus efeitos, para impedir atividades demeritórias, depois explica as formas mais rudimentares da ausência do eu, para superar concepções intelectualmente formadas de um eu, e finalmente ensina que ambos, o eu e a ausência do eu, não têm existência inerente, para deter todas as visões errôneas. Um nutricionista habilidoso pode, a princípio, prescrever uma dieta de baixa caloria e, mais tarde, uma bem mais rica, quando o sistema do paciente estiver forte o suficiente para digeri-la.

O ensinamento sobre a vacuidade é um remédio muito poderoso porque, por meio dele, podemos destruir completamente a raiz da existência cíclica. O *Heart Sutra* [Sutra do coração][53] refere-se a esse ensinamento como o mantra que pacifica inteiramente todo sofrimento. Um mantra é algo que protege a mente; entretanto, como um contraveneno, pode ser perigoso quando ministrado à pessoa errada.

Tanto para budistas como não budistas que acreditam haver uma conexão entre ações e seus efeitos, determinarmos a natureza do eu é importante. Alguns pensam no eu como permanente, porque não podem aceitar que algo que é produzido e se desintegra paulatinamente possa ser o agente de ações e aquele que vivencia seus resultados. Outros, falhando em estabelecer uma continuidade do eu

A SABEDORIA

ou de seres viventes, concluem por meio de raciocínio aparentemente correto que o eu não tem existência contínua e não poderia, portanto, vivenciar numa vida futura os resultados de ações saudáveis e não saudáveis realizadas nesta vida. O fracasso em diferenciar entre falta de existência inerente e não existência causa muita confusão. Embora o eu não seja nem permanente nem independente, o eu convencionalmente existente vem de fato de outras vidas e continua em vidas futuras.

Se o Buda ensinou que tanto o eu quanto a ausência do eu não têm existência intrínseca, o que ele afirmou existir? Nem o assunto e as palavras que o expressam, nem a mente e seu campo de atividade têm existência última, mas eles existem convencionalmente. As descrições verbais da realidade nunca podem evocar a vivência intensa e completa de realidade de um ser sublime, nem pode o pensamento conceitual apreendê-la como o fazem os seres sublimes. O elogio à perfeição da sabedoria, atribuído a Rahula, o filho do Buda, em honra de sua mãe, refere-se a isso:

> *À inconcebível, inexprimível perfeição da sabedoria,*
> *Cuja natureza semelhante ao espaço é não produzida e não cessa,*
> *A esfera de atividade da sabedoria sublime,*
> *Que dela tem conhecimento específico,*
> *À mãe dos Conquistadores*
> *Passados, presentes e futuros, presto homenagem.*

Aqui, "inconcebível" e "inexprimível" significam que a realidade não pode ser apreendida pelo pensamento conceitual ou descrita como é vivenciada por seres sublimes. A mera negação ou ausência de existência inerente, semelhante ao espaço, é não produzida e não desintegra ou cessa. A sabedoria sublime que a apreende é uma perfeição da sabedoria porque nos leva para além da existência cíclica. A vacuidade, a ausência de existência inerente, é apreendida como tal por nenhuma outra cognição, exceto essa sabedoria sublime que age como uma mãe, dando à luz seres iluminados do passado, presente e futuro.

Temos considerado aqui como uma pessoa engaja-se com a realidade última sob o ponto de vista da prática pessoal, reconhecendo primeiro o sofrimento, identificando sua fonte, percebendo que a cessação do sofrimento é possível e cultivando o caminho da compreensão da realidade que leva a isso. Estabelecer a insubstancialidade do "eu mesmo" e do "meu" capacita-nos a superar a falsa visão da coleção transitória, da qual brota o apego que nos mantém na existência cíclica. A seguir consideraremos como os seres comuns e os seres sublimes apreendem a realidade.

Por meio de passos graduais, o Buda guiou seus discípulos a beber o néctar[54] da visão correta. A princípio, apresentou as coisas em conformidade com a maneira como são percebidas convencionalmente. Não enfatizou que os agregados, elementos e fontes mudam a cada momento, mas ensinou apenas sobre a impermanência grosseira do *continuum*, já que as mudanças aparentes que acontecem podem ser observadas por todos. Só mais tarde ele falou sobre a mudança constante, a que se submete tudo o que é produzido. Para a percepção mundana, essas coisas são reais, na medida em que parecem estáveis; mas para a percepção de seres sublimes são falsas, parecendo ser estáveis quando, na verdade, estão em fluxo constante.

Assim, tão logo estava o discípulo suficientemente preparado, o Buda ensinou que, já que todas as bases são livres de existência por via de sua própria entidade, é inapropriado distinguir entre elas, especificando que algumas são reais e outras não. A discussão sobre se o chifre de um coelho é curto ou longo não tem sentido, já que, para começar, o chifre do coelho não tem existência.

A importância de guiar o discípulo ao néctar da realidade última é acentuada, mas o que é a realidade última, ou verdade última? A verdade última, como percebida pelos seres sublimes, tem cinco características definidoras[55]. É aquela que "não pode ser conhecida por outro meio", visto que só pode ser diretamente compreendida como é pela sabedoria sublime não contaminada, e não por meio das descrições de outras pessoas ou outros estados mentais.

Vista por uma pessoa sofrendo de certa doença óptica, qualquer coisa parecerá estar coberta de pelos. Mesmo que alguém com boa visão afirme que não há pelos presentes, aquela pessoa não verá o que está contemplando da mesma maneira que a outra. Contudo, embora os pelos continuem a parecer presentes, a informação recebida ajuda a pessoa doente a compreender que os pelos meramente parecem existir, mas não existem de fato, e que a falha está em sua própria visão.

Do mesmo modo, embora pessoas comuns não percebam a realidade à maneira dos seres sublimes, elas podem compreender – com a ajuda dos ensinamentos – que, embora as coisas pareçam ser inerentemente existentes, na verdade são vazias de tal existência. Sua compreensão surge por via de uma imagem mental.

Assim como a pessoa sofrendo da doença ocular não pode ver as coisas sem que pareçam ter pelos, mas pode saber que não há pelos presentes, as pessoas comuns não podem ver as coisas sem dualidade[56], todavia podem compreender a vacuidade.

Quando a pessoa com a doença ocular aplica o colírio correto, pode curar completamente a moléstia e ver com acuidade. Agora os pelos não aparecem mais, e a pessoa sabe com segurança que nunca existiram, de maneira nenhuma. Ao aplicarmos o colírio da compreensão correta da vacuidade, removemos a doença ocular da ignorância, dando origem à compreensão não contaminada, que vê a realidade última sem nenhuma fabricação.

A pacificação é a segunda característica definidora da verdade última. Sem a doença ocular, os pelos não aparecem; similarmente, sem a influência da ignorância, fica claro que as coisas são, de fato, pacificadas ou livres de existência por via de sua própria entidade. Isso não pode ser expresso ou descrito pela linguagem que elabora a diversidade das coisas e, sob tal aspecto, a verdade última é inexprimível. Aqui um contraste é feito entre a natureza fundamental unificada da verdade última, como percebida pela cognição direta, e a diversidade diferenciada dos fenômenos convencionais, como apreendida pela conceitualidade e expressa pela linguagem.

A verdade última é não conceitual, dado que todo movimento de conceitualidade cessa quando ela é apreendida diretamente; é não diferenciada, no sentido em que a vacuidade de uma coisa não é uma entidade diferente da vacuidade de outra.

Nagarjuna fala sobre a relação entre a vacuidade e o surgimento dependente. A relação entre o grande Tsongkhapa e Manjushri – a manifestação da sabedoria iluminada – era de discípulo e mestre. Manjushri gravou em Tsongkhapa que a vacuidade não deveria ser mais valorizada do que o surgimento dependente e que, se fosse o caso, o surgimento dependente é que deveria ser mais importante que a vacuidade.

Em seu comentário ao *Supplement to the Middle Way* de Chandrakirti[57], Tsongkhapa diz que os ensinamentos sobre a vacuidade deveriam, de modo ideal, ser conferidos somente a discípulos verdadeiramente receptivos, os quais, quando a realidade é mencionada, são movidos por uma sensação de grande alegria, vivenciam arrepios e sentem lágrimas aflorar-lhes aos olhos. Diz também que, entretanto, os discípulos que não respondem dessa maneira, mas não se voltam contra as instruções de seu mestre espiritual, acumularão rapidamente o mérito necessário para compreenderem a vacuidade.

Tsongkhapa aponta que, se os discípulos não estão inteiramente prontos e receptivos, o mestre deve certificar-se de que não compreendam erroneamente a vacuidade nem esposem uma visão niilista. Por essa razão, o fato de que as coisas surjam dependentemente e existam em dependência de causas e condições e de imputação é enfatizado repetidamente.

Em *Yogic Deeds of Bodhisattvas*, Aryadeva diz:

AS SEIS PERFEIÇÕES

A conjunção de um ouvinte,
O que deve ser ouvido e um exponente
É muito rara. Em resumo, o ciclo de
Renascimentos não tem, nem deixa de ter, um fim.

Quando três fatores – discípulos que estão prontos, ensinamentos autênticos e mestres apropriadamente qualificados – juntam-se, a liberação torna-se praticável, mas não se qualquer um desses três componentes essenciais estiver faltando.

O texto de Nagarjuna também considera de que modo a verdade última é apreendida por meio de inferência por seres comuns. Um efeito e a causa da qual é proveniente não são inerentemente uma entidade. Se fossem, aquilo que produz e o que é produzido não seriam diferentes. A causa seria permanente, e na verdade não é, já que muda e se transforma em resultado. Sua evolução e continuidade inviabilizam sua permanência.

Causa e efeito tampouco são inerentemente diferentes, porque nesse caso o efeito não poderia depender de sua causa e seria sem causa. Como o resultado vem da causa, não há descontinuidade. As coisas, portanto, são livres dos extremos de permanência e de aniquilação; ocupam uma posição central, no sentido em que lhes falta existência inerente e, no entanto, têm existência convencional.

As pessoas comuns podem compreender a vacuidade por meio da premissa do surgimento dependente. Um broto não tem existência inerente porque surge em dependência de causas e condições. O broto não é uno com a semente que o produz. Se fosse, a semente deveria estar presente com o broto; mas ela passa por mudança para produzir o broto. A semente e o broto são diferentes, mas não inerentemente diferentes, o que seriam, sem alternativa, caso a semente e o broto existissem como parecem, a saber, como entidades encontráveis. A diferença inerente impossibilitaria parentesco. Nesse caso, o *continuum* da semente seria rompido, e a semente seria simplesmente descontinuada. Essas características, relativamente fáceis de compreender no tocante à semente e ao broto, aplicam-se a tudo o que vem a existir mediante causas e condições.

Não apenas o que é produzido, mas tudo o que existe é dependente de partes. Se uma coisa e suas partes fossem inerentemente unas, não poderia haver o possuidor das partes e aquilo que é possuído. No entanto, tampouco são inerentemente distintas, porque, se fossem, seria possível isolar uma coisa de suas partes.

O surgimento dependente elimina ambos os extremos: o da permanência e o da aniquilação. Já que as coisas são "dependentes" de suas partes, não são independentes e não têm existência inerente, reificada ou permanente. Já que "surgem", não são convencionalmente não existentes. Sua existência dependente impossibilita existência por si própria.

Além disso, tudo o que existe existe por meio da presença de uma base de designação e da designação. Essas duas tampouco são inerentemente unas ou inerentemente distintas. Ao pensar sobre sua existência dependente, podemos compreender sua falta de existência inerente. Uma vez entendido isso, devemos pôr em prática nossa compreensão.

O Buda é um refúgio para os desamparados e um protetor para os desprotegidos porque seu ensinamento, se melhante ao néctar, sobre a natureza da realidade nos fortalece para conquistar as forças demoníacas da morte comum, do corpo contaminado, das emoções perturbadoras e do filho dos deuses*, que se manifesta na forma de interferências que nos impedem de livrar-nos das outras forças demoníacas. O ensinamento do Buda esclarece o extremamente profundo e demonstra a ausência dos quatro tipos de existência impossíveis: unidade inerente, distinção inerente, existência reificada e aniquilação. Ao obter conhecimento disso por meio do estudo, reflexão e meditação, podemos superar nascimento, doença, envelhecimento e morte; mas esse néctar e panaceia para nossos males não pode ajudar-nos, a menos que o bebamos. Será inútil elogiarmos suas qualidades maravilhosas para outros, se não fizermos uso dele nós mesmos.

Os Ouvidores ouvem, pensam e meditam e, nesta mesma vida – empregando os três tipos de treinamento em disciplina ética, estabilização meditativa e sabedoria –, obtêm a liberação ao conquistarem o inimigo, as emoções perturbadoras. Muitos dos que ouviram os ensinamentos do Buda sobre a natureza da realidade tornaram-se Destruidores de Inimigos antes de morrer. Outros que receberam o ensinamento não se tornaram, à época, Destruidores de Inimigos; porém, sua prática não foi infrutífera, pois foram capazes de realizar esse estado em outra vida.

---

* A quarta força demoníaca (*devaputramara*), conhecida como "o filho dos deuses", refere-se a todo tipo de obstrução que nos impede de livrarmo-nos das três primeiras: as forças demoníacas da morte comum (*mrtyamara*), do corpo contaminado (*skandhamara*) e das atitudes e emoções perturbadoras (*kleshamara*). (N. da T.)

◆

A SABEDORIA

Como poderiam tornar-se Destruidores de Inimigos se não tivessem encontrado o ensinamento e mestres numa vida posterior? Mesmo sem a presença de seres iluminados no papel de mestres, sem a companhia de Ouvidores e sem acesso aos ensinamentos, esses praticantes alcançaram o estado de Destruidores de Inimigos como Realizadores Solitários, graças às marcas que tinham estabelecido. Podem, por exemplo, ter encontrado uma pilha de ossos humanos, o que os levou a refletir sobre a morte e em como esta é a consequência do nascimento. Recompor o processo que produziu os ossos pode ter ativado as marcas que os levaram a contemplar, em sequência progressiva e retrógrada, o processo de doze partes através do qual permanecemos na existência cíclica.

Desenvolver a compreensão da realidade por meio do ouvir, pensar e meditar não é vital apenas para os que buscam a liberação pessoal, mas também para os praticantes do Grande Veículo. A sabedoria que compreende a realidade é como um guia com visão, capaz de liderar as práticas, sem ele, cegas, da generosidade, da conduta ética, da paciência, do esforço entusiástico e da concentração, até a grande cidade da iluminação suprema. A sabedoria transforma-as em perfeições que nos levam para além, tanto da existência cíclica quanto da paz solitária.

Sua compreensão profunda da realidade e sua capacidade de ver tudo como semelhante a um reflexo capacitam os Bodhisattvas a dar até mesmo sua carne sem dor ou desânimo, tão calmamente como se estivessem cortando uma planta medicinal. Vendo os extremos da existência mundana e da paz solitária como fontes de decadência, eles observam impecavelmente a disciplina ética da coibição de atividades nocivas, sem o menor traço de autointeresse – o que diferencia sua prática de ética da de outros.

Com plena consciência dos benefícios da paciência e das desvantagens da impaciência, os Bodhisattvas permanecem encorajados mesmo quando sua bondade é retribuída com ingratidão e hostilidade; e, por causa de sua profunda compreensão, aceitam voluntariamente as adversidades encontradas em seu trabalho pelos outros. Sem sua inteligência e discernimento, que lhes mostra o melhor caminho de ação a prosseguir com o esforço entusiástico, eles poderiam desperdiçar energia valiosa em iniciativas inúteis.

Pela falta de compreensão, tornamo-nos facilmente viciados em luxo e prazer sensual, mas os Bodhisattvas sabem como usar tais coisas para o verdadeiro bem-estar dos outros e de si próprios. Apegamo-nos obsessivamente àqueles que achamos amoráveis, enquanto os Bodhisattvas – que têm afeição por todos os seres vivos – são capazes, por causa de sua profunda sabedoria, de amar sem possessividade. Essas qualidades maravilhosas são o resultado da compaixão aliada ao *insight* profundo sobre a natureza da realidade.

Em *Yogic Deeds of Bodhisattvas* [Feitos ióguicos dos Bodhisattvas], Aryadeva diz:

A percepção correta [conduz a] o supremo estado,
Alguma percepção a bons renascimentos.
O sábio, portanto, sempre expande sua inteligência
Para pensar sobre a natureza interior.

A SABEDORIA

Ao conhecer a realidade diretamente, com o tempo alcançamos o estado supremo de iluminação; mas mesmo um pequeno conhecimento dela, derivado do estudo dos ensinamentos e da reflexão sobre eles, pode ajudar-nos a obter um bom renascimento. Aryadeva, assim, aconselha todos os dotados de inteligência a meditar sobre a natureza do eu.

Os vários grandes textos sobre o Caminho do Meio diferem com respeito à ordem em que apresentam os pontos proeminentes a serem considerados em relação à realidade. Contudo, se desejarmos investigar a natureza da realidade nós mesmos, não poderemos fazer melhor que seguir os passos descritos por Nagarjuna em seu *Treatise on the Middle Way*; deveremos primeiro familiarizar-nos com eles e então implementá-los.

Ao explicar as palavras de Nagarjuna, empreguei o grande comentário de Tsongkhapa, em cuja validade tenho completa confiança, mas há muitos outros comentários eminentes sobre o *Treatise on the Middle Way*, de Nagarjuna. Nas grandes universidades monásticas do Tibete, a filosofia Madhyamika era estudada dia e noite durante quatro anos. Aprendíamos certos textos básicos de cor, estudávamos os grandes comentários sobre eles e testávamos constantemente nossa compreensão em debates; mas mesmo ao final desse intenso período de estudo ninguém jamais afirmaria ter uma perfeita compreensão da Madhyamika.

Era tradição nesses grandes monastérios que nunca se deixasse morrer o som dos ensinamentos do Buda. Quando assembleias rituais não estavam acontecendo, ocorriam debates ou recitações. Eu estava para entrar num debate sobre a filosofia Madhyamika quando as tropas chinesas

◆

165

começaram a bombardear o monastério de Sera e fomos forçados a fugir do Tibete; mas felizmente tive a oportunidade de continuar meus estudos na Índia.

Nossa situação é verdadeiramente afortunada, já que desfrutamos a maioria das condições externas e internas que favorecem o desenvolvimento espiritual. Temos acesso aos ensinamentos e a mestres autênticos que os transmitem a nós de bom grado, com compaixão e entusiasmo. Se a compreensão dos ensinamentos pudesse ser despejada dentro de nós, certamente eles o fariam. Essa situação e nossa própria saúde e força são circunstâncias afortunadas que podem mudar da noite para o dia. Portanto, tornando base de sua prática um estilo de vida ético, considere com seriedade os ensinamentos, ouvindo-os, pensando e meditando sobre eles, a fim de obter uma compreensão não apenas das palavras, mas de seu significado mais profundo, e faça um esforço para descobrir a natureza da realidade. O propósito de Nagarjuna era encorajar isso. O *Summary of the Stages of the Path*, de Tsongkhapa, diz:

> *A sabedoria é o olho para ver a profunda realidade última,*
> *É o caminho que extirpa totalmente a existência mundana*
> *E o tesouro de conhecimento louvado em todas as escrituras,*
> *Conhecido como a lanterna mais preciosa*
> *Para dispersar a escuridão da confusão.*
> *Sabendo disso, o sábio que busca a liberação*
> *Cultiva o caminho com todo esforço.*

Apêndice

O CAPÍTULO 18 DO *TREATISE ON THE MIDDLE WAY* [TRATADO SOBRE O CAMINHO DO MEIO], DE NAGARJUNA

Cada um dos versos de Nagarjuna é seguido por uma breve explanação baseada no comentário *Ocean of Reasoning* [Oceano de raciocínios], de Tsongkhapa.

1 Se os agregados fossem o eu,
   Este seria produzido e desintegraria.
   Se esse fosse diferente dos agregados,
   Não teria as características deles.

Se os agregados e o eu fossem intrinsecamente unos e totalmente idênticos, o eu seria produzido e desintegraria como os agregados. Nesse caso, o eu seria inseparável dos agregados desta vida e, quando eles cessassem, ele também cessaria. Como os agregados desta vida, o eu teria vindo a existir, teria sido produzido de novo no nascimento e, portanto, não seria sem início. Se os agregados fossem o eu, deveria haver ou somente um agregado, já que só existe um eu, ou cinco eus, pois há cinco agregados – formas, sensações, discriminações, fatores composicionais e consciências.

Se o eu fosse intrinsecamente diferente dos agregados, as características de produção, duração e desintegração, que diferenciam os agregados como produtos, não concerniriam ao eu, assim como as características de uma vaca, tais como seus chifres, não concernem a outro animal não relacionado, tal como um cavalo. Nesse caso, o eu deveria ser um não produto, como o nirvana ou uma flor celestial.

Se o eu fosse inerentemente distinto das características individuais dos cinco agregados, deveria ser encontrado quando todos os agregados fossem eliminados, e seria apreensível como uma entidade distinta dos agregados, assim como a forma pode ser apreendida como uma entidade distinta da mente.

2 Se o eu não tem existência,
   Como pode o que é do eu ter existência?
   Quando o eu e o que é do eu são pacificados,
   As concepções do "eu mesmo" e "meu" cessam.

Se o eu não tem existência por via de sua própria natureza, como poderia aquilo que é do eu existir por via de sua própria entidade? Ao meditar sobre sua falta de existência intrínseca, chegamos a uma experiência direta da vacuidade deles. Nesse momento, todas as aparências do eu (o objeto das concepções errôneas do "eu mesmo") e dos agregados (o objeto das concepções errôneas do "meu") são pacificadas. Ou seja, para a mente em direto equilíbrio meditativo sobre a vacuidade, nem o eu nem os agregados aparecem, pois a consciência perceptiva (o sujeito) e a vacuidade (o objeto) tornaram-se um único sabor. Por meio disso, todas as concepções de um "eu mesmo" e "meu" inerentemente existentes, com o tempo, cessarão, dado que a compreensão correta da realidade e a concepção errônea que deve ser eliminada são diametralmente opostas em seu modo de apreensão. Uma engaja-se na realidade como ela é, enquanto a outra a distorce.

3 Aqueles sem concepções
De "eu mesmo" e "meu" tampouco têm existência.
Quem vê aqueles que não têm concepções
De "eu mesmo" e "meu" não vê.

Os próprios meditadores que se livraram das concepções de um "eu mesmo" e "meu" não têm existência por via de sua própria entidade. Alguém que vê aqueles que se livraram dessas concepções errôneas como existindo por via de sua própria entidade não verá a realidade última nem eliminará suas próprias concepções errôneas.

4 Quando ideias do interior e do exterior
Como sendo o eu e o que é do eu chegarem
   ao fim,
O apego será detido
E mediante seu fim o nascimento cessará.

Quando ideias do interior e do exterior[58] como um eu e o que é do eu, em termos de existência verdadeira, cessarem, o apego – o nono elo no processo de doze partes que nos mantém dentro da existência cíclica – cessará. Tal apego é direcionado àquilo que é desejado, a pontos de vista, sistemas de disciplina ética e conduta, e ao eu. Quando o apego termina, o nascimento na existência cíclica por meio de ações contaminadas chega ao fim.

**5 A liberação é obtida pelo término das ações
    e aflições –
Ações e aflições vêm dos pensamentos.
Estes surgem de fabricações.
As fabricações são detidas pela vacuidade.**

A liberação acontece pelo término das ações contaminadas sustentadas pelas emoções perturbadoras. Quando o apego – uma emoção perturbadora – termina, a existência – que é o décimo elo no processo de doze partes e é classificada como "ação" – não ocorre. Dessa maneira, o nascimento e a morte involuntários cessam. As ações brotam das emoções perturbadoras; estas surgem dos pensamentos associados a uma abordagem mental incorreta, que exagera a atratividade e a repulsa. Os pensamentos que constituem uma abordagem mental incorreta surgem de nossa familiaridade com o ver as coisas como verdadeiramente existentes. Essas fabricações de existência verdadeira cessam quando ganhamos familiaridade com a vacuidade das coisas que essas fabricações focalizam.

APÊNDICE

6   **Eles declararam que o eu existe
E também ensinaram que o eu não existe.
Os Budas, além disso, ensinaram que nem
O eu nem a ausência do eu têm existência.**

A fim de tornar mais cautelosos aqueles em perigo de cometer sérios erros que levariam a maus renascimentos, os Budas declararam que o eu tem existência real. Ensinaram àqueles engajados em virtude, mas firmemente enredados em concepções de existência verdadeira, que não há eu, a fim de afrouxar sua aderência a falsas visões da coleção transitória. Aos que obtiveram muita familiaridade com a virtude e são receptivos e capazes de compreender a profunda natureza da realidade, ensinaram que nem o eu nem a ausência do eu têm existência intrínseca.

7   **O assunto é não existente
Visto que a esfera da mente é não existente.
Não produzida e não cessante,
A realidade é como o nirvana.**

Se qualquer coisa tivesse existência intrínseca, isso teria sido indicado pelos seres iluminados; mas eles não mencionaram nenhum assunto essencialmente existente, ou expressão essencialmente existente dele pela linguagem, pois tal existência última não é uma esfera de atividade da mente[59]. A realidade não produzida e não cessante de todos os fenômenos é como o nirvana. O nirvana é a pacificação de todas as fabricações. A meditação sobre a realidade não produzida e não cessante de todos os fenômenos conduz a um estado em que todas as fabricações da existência verdadeira são pacificadas. Mais ainda, para a mente engajada na percepção direta da realidade durante o equilíbrio meditativo, todas as fabricações são pacificadas.

**8   O Buda ensinou que tudo
É real, não real,
Tanto real quanto irreal,
E nem irreal nem real.**

Àqueles que, por meio das marcas das concepções de existência verdadeira, veem tanto o receptáculo (o ambiente físico) quanto os conteúdos (os seres vivos dentro dele) como confiáveis, duradouros e não desintegrantes até seu momento final, o Buda ensinou, de acordo com a aparência convencional, que eles são reais. Fez isso para despertar sua confiança em seu ensinamento. Para superar, naqueles que percebem que as coisas não poderiam existir dessa forma, até mesmo concepções sutis sobre a permanência, o Buda ensinou que receptáculo e conteúdos não são reais, mas enganadores, porque na verdade sofrem constante mudança, embora pareçam permanecer imutáveis.

Eles são tanto reais quanto irreais, já que para a percepção de pessoas ingênuas comuns essas coisas parecem ser reais, no sentido de imutáveis, enquanto para a percepção de seres sublimes, no período seguinte ao equilíbrio meditativo sobre a realidade, elas parecem ser irreais e enganadoras. Aos que tiveram familiaridade prévia com a vacuidade mas nesta vida mantêm concepções de existência verdadeira, em razão da influência de postulados filosóficos, ele ensinou que tanto as coisas percebidas como irreais ou impermanentes quanto as que parecem reais ou permanentes não têm existência por via de sua própria entidade[60].

9   Ela não é conhecida por meio de outras,
    É pacificada, não elaborada
    Por fabricações, e é sem
    Conceitualidade e diferenciação.
    Essas são as características da realidade última.

A verdade última tem cinco características: só pode ser vivenciada como tal por nossa própria sabedoria sublime não contaminada e não pode ser conhecida por outros meios, já que não pode ser descrita ou conceitualizada como realmente é. É pacificada, no sentido de ser livre de qualquer natureza de existência por via de sua própria entidade. O pensamento e a fala distinguem a diversidade das coisas, mas tais elaborações não se aplicam à vacuidade. Quando a realidade é vivenciada diretamente, toda a conceitualidade cessa. Não há diferenças entre a vacuidade de uma coisa e a vacuidade de outras.

10 O que quer que surja a partir de outra coisa
    Não é, desde o início, a própria coisa.
    Nem é diferente dela.
    Assim, não é não existente nem permanente.

Um efeito que surge em dependência de uma causa não é inerentemente uno com aquela causa nem inerentemente diferente dela. Se fosse inerentemente uno com sua causa, aquilo que é produzido e o que o produz seriam absurdamente um só. O efeito já existiria no momento da causa, a qual seria permanente. Se o efeito fosse inerentemente diferente de sua causa, não poderia depender dela nem vir a existir por meio dela, e o *continuum* da causa cessaria. Como a causa transforma-se em efeito, não é permanente. Como o *continuum* da causa persiste sob a forma do efeito, não se torna não existente nem se descontinua.

11 **O néctar ensinado pelos Budas,**
 Que são os protetores do mundo,
 É que as coisas não são unas nem diferentes,
 Nem não existentes nem permanentes.

Os ensinamentos dos Budas esclarecem a profunda natureza semelhante ao néctar da realidade última, a qual remove o sofrimento do nascimento, envelhecimento, doença e morte. Os Budas são os protetores do mundo porque amparam os abandonados, sustentam os desamparados e protegem os indefesos. Eles ensinam que os fenômenos nominalmente imputados que surgem de forma dependente não são nem inerentemente unos com suas causas e condições ou partes nem inerentemente diferentes delas, e que seu modo de existência está entre os dois extremos, à medida que não são nem totalmente não existentes nem têm nenhuma existência reificada.

12 **Mesmo quando Budas completamente iluminados**
 Não estão presentes e não há mais Ouvidores,
 A sabedoria suprema dos Realizadores Solitários
 Vem a existir sem qualquer nexo de dependência.

APÊNDICE

Alguns Ouvidores ouvem os ensinamentos de um ser iluminado e, por meio de sua prática da disciplina ética, da concentração e da sabedoria, tornam-se Destruidores de Inimigos numa mesma vida. Outros o fazem numa vida posterior, quando as marcas criadas por meio do ouvir, pensar e meditar são despertadas pelo advento de um ser iluminado ou mestre espiritual. Mas e se isso não acontecer? Mesmo quando nenhum ser iluminado se manifesta no mundo e não há mais Ouvidores para atuar como guias espirituais, a sabedoria sublime dos Realizadores Solitários surgirá sem depender de um mestre, por causa da força das marcas passadas e como resultado do grande mérito que eles acumularam.

Isto conclui o capítulo 18 – analisando o eu e outros fenômenos.

O texto tibetano

O CAPÍTULO 18 DO *TREATISE ON THE MIDDLE WAY* [TRATADO SOBRE O CAMINHO DO MEIO]

de
Nagarjuna

O TEXTO TIBETANO

༡ གལ་ཏེ་ཕྱུང་པོ་བདག་ཡིན་ན།
སྐྱེ་དང་འཇིག་པ་ཅན་དུ་འགྱུར།
གལ་ཏེ་ཕྱུང་པོ་རྣམས་ལས་གཞན།
ཕྱུང་པོའི་མཚན་ཉིད་མེད་པར་འགྱུར།

༣ བདག་ཉིད་ཡོད་པ་མ་ཡིན་ན།
བདག་གི་ཡོད་པར་ག་ལ་འགྱུར།
བདག་དང་བདག་གི་ཞི་བའི་ཕྱིར།
ངར་འཛིན་ངར་ཡིར་འཛིན་མེད་འགྱུར།

AS SEIS PERFEIÇÕES

3 ༄༅། །དར་འཛིན་དང་ཡིར་འཛིན་མེད་གང༌།
དེ་ཡང་ཡོད་པ་མ་ཡིན་ཏེ།
དར་འཛིན་དང་ཡིར་འཛིན་མེད་པར།
གང་གིས་མཐོང་བས་མི་མཐོང་ངོ༌།

4 ནད་དང་ཕྱི་རོལ་ཅི་དང་དག་ལ།
བདག་དང་བདག་གི་སྙམ་ཞད་ན།
ཅི་བར་ལེན་པ་དག་འགྱུར་ཞིང༌།
དེ་ཟད་པས་ན་སྐྱེ་བ་ཟད།

5 ལས་དང་ཉོན་མོངས་ཟད་པས་ཐར།
ལས་དང་ཉོན་མོངས་རྣམ་རྟོག་ལས།
དེ་དག་སྟོས་ལས་སྟོས་པ་ནི།
སྟོང་པ་ཉིད་ཀྱིས་འགག་པར་འགྱུར།

6 བདག་གོ་ཞེས་ཀྱང་བཏགས་གྱུར་ཅིང༌།
བདག་མེད་ཅེས་ཀྱང་བསྟན་པར་གྱུར།
སངས་རྒྱས་རྣམས་ཀྱིས་བདག་དང་ནི།
བདག་མེད་འགའ་མེད་ཅེས་ཀྱང་བསྟན།

◆

180

༢། བརྗོད་པར་བྱ་བ་ཕྱོགས་པ་སྟེ།
སེམས་ཀྱི་སྤྱོད་ཡུལ་ཕྱོགས་པས་སོ།
མ་སྐྱེས་པ་དང་མ་འགགས་པ།
ཆོས་ཉིད་རྒྱ་དང་བདས་དང་མཚུངས།

༨། ཐམས་ཅད་ཡང་དག་ཡང་དག་མིན།
ཡང་དག་ཡང་དག་མ་ཡིན་ཉིད།
ཡང་དག་མིན་མིན་ཡང་དག་མིན།
དེ་ནི་སངས་རྒྱས་རྗེས་བསྟན་པའོ།

༩། གཞན་ལས་ཤེས་མིན་ཞི་བ་དང་།
སྤྲོས་པ་རྣམས་ཀྱིས་མ་སྤྲོས་པ།
རྣམ་རྟོག་མེད་དོན་ཐ་དད་མེད།
དེ་ནི་དེ་ཉིད་མཚན་ཉིད་དོ།

༡༠། གང་ལ་བརྟེན་ཏེ་གང་བྱུང་བ།
དེ་ནི་རེ་ཞིག་དེ་ཉིད་མིན།
དེ་ལས་གཞན་པའང་མ་ཡིན་པ།
དེ་ཕྱིར་ཆད་མིན་རྟག་མ་ཡིན།

181

99 སངས་རྒྱས་འཇིག་རྟེན་མགོན་རྣམས་ཀྱི། །
བསྟན་པ་བདུད་རྩིར་གྱུར་པ་དེ། །
དོན་གཅིག་མ་ཡིན་ཐ་དད་མིན། །
ཆད་པ་མ་ཡིན་རྟག་མ་ཡིན། །

NOTAS

1. O *Ornament for the Mahayana Sutras*, de Maitreya (*Mahāyānasūtrā-laṃkāra Theg pa chen po'i mdo sde'i rgyan*, P5521, vol. 108), consiste em vinte e um capítulos que lidam principalmente com a conduta Mahayana e apresentam a visão Chittamatrin. O texto busca estabelecer a autenticidade dos sutras Mahayana como as palavras do Buda. Quando o Buda Shakyamuni veio ao mundo da terra pura de Tushita (*dGa' ldan yid dga' chos 'dzin*), Maitreya assumiu o papel de regente espiritual. Com o tempo, ele se manifestará neste mundo como o próximo Buda e exibirá os feitos de um corpo supremo de emanação (*mchog gi sprul sku*). Diz-se que, se alguém ouvir e pensar sobre os cinco tratados que ele revelou a Asanga, essa pessoa renascerá na

AS SEIS PERFEIÇÕES

terra pura de Tushita. No Tibete, muitas das maiores estátuas eram de Maitreya, que é representado sentado num trono com os pés pousados no chão, pronto para levantar-se e vir ao mundo. Assim como Avalokiteshvara é a manifestação da compaixão, Maitreya é a manifestação do amor.

O capítulo 17 de seu *Ornament for the Mahayana Sutras* explica como as Seis Perfeições são o alicerce para o bem-estar temporário e último, tanto nosso quanto dos outros; explica também como elas incluem todos os caminhos da prática Mahayana, como cada perfeição se desenvolve a partir da precedente e o que a prática de cada uma promove.

2. Tsongkhapa (*Tsong kha pa Blo bzang grags pa*, 1357-1419), nascido em Amdo (*A mdo*), foi um grande reformador, praticante dedicado e escritor prolífico. Fundou o Monastério Ganden (*dGa' ldan rnam par rgyal ba'i gling*) em 1409, a primeira das universidades monásticas da Nova Tradição Kadampa (*bKa' gdams gsar ma*), ou seja, Gelugpa (*dGe lugs pa*). Seu *Great Exposition of the Stages of the Path* (*Lam rim chen mo*, P6001, vol. 152) e seus outros trabalhos sobre os estágios do caminho foram inspirados diretamente no trabalho voltado à prática do mestre Atisha – *Lamp for the Path to Enlightenment* [Uma luz para o caminho à iluminação] (*Bodhipathapradipa, Byang chub lam gyi sgron ma*, P5343, vol. 103).

3. O mestre budista indiano Nagarjuna (*Klu sgrub*, entre os séculos I e II) foi o pioneiro que estabeleceu o sistema Madhyamika de postulados filosóficos. Em *Precious Garland of Advice for the King* [Guirlanda preciosa de conselhos para o rei] (*Rājaparikathāratnāvalī, rGyal po la gtam bya bar rin po che'i phreng ba*, P5658, vol. 129), Nagarjuna explica ambos os caminhos, o extenso e o profundo, para a iluminação, enfatizando que a raiz da iluminação é a compreensão elevada da realidade. O texto

NOTAS

foi endereçado a seu amigo, um rei da dinastia Satavahana, que governou sobre uma vasta área da Índia, incluindo grande parte dos modernos estados de Madhya Pradesh, Maharashtra, Andhra Pradesh, parte de Orissa do sul e parte de Karnataka. A literatura tibetana refere-se a esse rei pelo nome de *bDe spyod bzang po*. O *Precious Garland* contém conselhos muito práticos, relevantes ainda hoje, sobre como governar de acordo com o ensinamento do Buda. Tradução para o inglês em: Jeffrey Hopkins, *Buddhist Advice for Living & Liberation: Nagarjuna's Precious Garland* [Conselhos budistas para a vida e a liberação: a guirlanda preciosa de Nagarjuna] (Ithaca: Snow Lion Publications, 1998).

4. A expressão tibetana *pha rol tu chin pa* é normalmente traduzida como "perfeição". *Pha rol* significa "além", e *chin pa* significa "que foi", "ido".

5. Ouvidores (*snyan thos*) e Realizadores Solitários (*rang sangs rgyas*) estão decididos a obter a liberação pessoal. São praticantes do Hinayana ou Veículo Menor (*theg dman pa*) – e assim chamados porque seu objetivo é limitado ao seu próprio bem-estar. Os praticantes do Mahayana, ou Veículo Maior (*theg chen pa*), também conhecidos como praticantes do Veículo dos Bodhisattvas, aspiram a obter a iluminação completa para o benefício de todos os seres; têm, portanto, um objetivo mais amplo. Os Realizadores Solitários acumulam mais méritos durante um período mais longo que os Ouvidores e, em seu último nascimento antes de atingirem a liberação e tornarem-se Destruidores de Inimigos, não dependem das instruções de um mestre espiritual. Os Destruidores de Inimigos (*dgra bcom pa*) são os que conquistaram o inimigo – as emoções perturbadoras – e puseram fim à sua existência cíclica mediante a erradicação da ignorância.

6. Tsongkhapa atribui a citação ao *Moonlight Sutra* [Sutra do luar] (*Zla ba sgron ma'i mdo*). Esse nome refere-se ao *King*

of Meditative Stabilizations Sutra [Sutra do rei das estabilizações meditativas] (*Sarvadharmasvabhāvasamatāvipañcitasamādhirājasūtra, Ting nge 'dzin rgyal po mdo*, P795, vol. 31-32), no qual o Buda dirige-se com frequência a um jovem chamado Luar. A passagem citada é endereçada a Ananda no capítulo 36 do sutra. A versão de Tsongkhapa apresenta pequenas variações do presente texto do sutra.

    7. O mestre indiano Shantideva morou na universidade monástica de Nalanda durante o século VIII. Para os outros, ele parecia bastante mal dotado; diziam que sabia apenas três coisas: comer, dormir e defecar. Numa tentativa de humilhá-lo, designaram-no para ensinar perante uma grande assembleia. Para surpresa de todos, ele demonstrou ser um mestre grandioso, ensinando seu guia para o estilo de vida de Bodhisattvas, *Engaging in the Bodhisattvas Deeds* [Engajando-se nos feitos de Bodhisattvas] (*Bodhisattvacaryāvatāra, Byang chub sems dpa'i spyod pa la 'jug pa*, P5272, vol. 99), e apresentando feitos miraculosos. O trabalho mencionado aqui, o *Compendium of Training* [Compêndio de treinamento] (*Śikāṣamuccaya, bSlabs pa kun las btus pa*, P5272, vol. 102), é uma compilação e elucidação de passagens dos sutras sobre o treinamento de Bodhisattvas. Tradução inglesa em: Shantideva, *The Way of the Bodhisattva* [O caminho dos Bodhisattvas], traduzido do tibetano pelo Padmakara Translation Group [Grupo de Tradução Padmakara] (Boston: Shambhala, 1997).

    8. Aryadeva era o filho espiritual de Nagarjuna e foi atuante na universidade de Nalanda durante a primeira metade do século III. Seu trabalho *Four Hundred Stanzas on the Yogic Deeds of Bodhisattvas* [Quatrocentas estrofes sobre os feitos ióguicos de Bodhisattvas] (*Bodhisattvayogacaryācatuḥśatakaśāstra, Byang chub sems dpa'i rnal 'byor spyod pa bzhi brgya pa'i bstan bcos*, P5246, vol. 95) discute as ideias distorcidas e as emoções per-

turbadoras que impedem a verdadeira atividade de Bodhisattvas e a realização da iluminação. Os primeiros oito capítulos estabelecem a realidade convencional; os oito seguintes, a realidade última, mediante refutação das várias concepções errôneas com relação a, por exemplo, pessoa, tempo, espaço e matéria. Tradução inglesa em: Geshe Sonam Rinchen e Ruth Sonam, *Yogic Deeds of Bodhisattvas*: Gyeltsap on Aryadeva's Four Hundred [*Feitos ióguicos de Bodhisattvas*: [comentário de] Gyeltsap sobre as quatrocentas [estrofes] de Aryadeva] (Ithaca: Snow Lion Publications, 1994).

9. *Dharmasaṃgītisūtra*, *Chos yang dag par sdud pa'i mdo*, P904, vol. 36.

10. O mestre indiano Atisha (982-1054) nasceu numa família real, provavelmente onde hoje se localiza o estado de Bengala. Por oposição de seus pais, teve dificuldade em desengajar-se da vida real, mas com o tempo, após um número de tentativas, conseguiu ordenar-se. Estudou com cento e cinquenta e sete mestres espirituais, mas sempre se comovia ao lembrar-se de Dharmakirti de Suvarnadvipa, o mestre das Ilhas Douradas. Atisha empreendeu uma perigosa jornada marítima de treze meses até a Indonésia para estudar com esse mestre, com o qual permaneceu por doze anos e ao qual atribuiu seu desenvolvimento da intenção altruística. Após seu retorno à Índia, viveu na universidade monástica de Vikramashila, de onde foi convidado a ir ao Tibete. Permaneceu no Tibete de 1042 até sua morte, e seu ensino teve uma profunda influência sobre o desenvolvimento do budismo naquele país.

11. Dromtön Gyelway Jungnay (*'Brom ston rGyal ba'i 'byung gnas*, 1004-1064), principal discípulo tibetano do mestre indiano Atisha, foi um praticante leigo e mantinha os votos de pessoas leigas. Foi o fundador da tradição Kadampa (*bKa' gdams pa*).

AS SEIS PERFEIÇÕES

12. *Lam rim bsdus don / Byang chub lam gyi rim pa'i nyams len gyi rnam gzhag mdor bsdus, The Collected Works of Rje Tsoṅkha-pa Blo-bzaṅ-grags-pa*, vol. kha, *thor bu*, 65b.2-68b.1 (New Delhi: Ngawang Gelek Demo, 1975-). Para uma tradução inglesa dos versos, por Ruth Sonam, ver "The Abridged Stages of the Path to Enlightenment" [Os estágios abreviados do caminho à iluminação], in *Chö Yang* n. 7 (Sidhpur: Norbulingka Institute, 1996).

13. *Letter to a Friend* (Suhṛllekha, *bShes pa'i spring yig*, P5682, vol. 129), de Nagarjuna, assim como seu *Precious Garland*, oferece conselhos a seu amigo, o rei da dinastia Satavahana. Discute concisa e detalhadamente as práticas associadas aos três diferentes níveis de capacidade e dirige-se tanto a leigos quanto a ordenados.

14. Geshe Potowa (*Po to ba Rin chen gsal*, 1031-1105), Geshe Chengawa (*sPyan snga ba Tshul khrims 'bar*, 1038-1103) e Geshe Puchungwa (*Phu chung ba gZhon nu rgyal mtshan*, 1031-1106), conhecidos como os três irmãos Kadampa, foram os herdeiros espirituais de Dromtön Gyelway Jungnay, fundador da tradição Kadampa. Geshe Langritangpa (*Glang ri thang pa*, 1054-1123) escreveu os *Eight Verses for Training the Mind* [Oito versos para treinar a mente] (*Blo shyong tshig brgyad ma*), que inspiraram um número de outros textos na tradição de treinamento da mente (*blo shyong*), pela qual os mestres Kadampa são famosos. Um deles, os *Seven Points for Training the Mind* [Sete pontos para treinar a mente] (*Blo shyong don bdun ma*), foi escrito como resultado do desejo de seu autor, Geshe Chekawa (*mChad kha ba*, 1101-1175), de descobrir mais sobre o significado das palavras de Geshe Langritangpa: "Que eu possa aceitar a perda e oferecer a vitória a outros." Ele, porém, recebeu o ensinamento de Geshe Sharawa (Shar ra ba, também conhecido como Shar ba pa, 1070-1141), visto que àquela altura Geshe Langri-

◆

tangpa já tinha falecido. Esses mestres foram conhecidos por sua abordagem à prática vigorosamente pé no chão, a qual apresentavam de acordo com os três níveis de capacidade claramente explicados na *Lamp for the Path do Enlightenment* [Uma luz para o caminho da iluminação], de Atisha. Enfatizavam a prática dos sutras e mantinham oculta sua prática pessoal dos tantras.

15. Geshe Bengungyel (*'Ban gung rgyal*), um dos mestres Kadampa, tinha sido um ladrão e salteador em sua vida. Após ter se regenerado, costumava repreender-se quando notava estar fazendo ou pensando algo não saudável, dizendo: "Lá vai você de novo, seu Bengungyel vilão, ainda do seu velho jeito!" Mas quando tinha feito ou pensado algo bom usava seu nome religioso, dizendo "Parabéns, Geshe Tsultrim Gyelwa, mantenha o bom trabalho!"

16. "Aqueles nove estados" (*skye rgu* ou *skye dgu*) é uma expressão usada com frequência para denotar todos os seres vivos. "Nove estados" refere-se aos seres nascidos no reino do desejo, vindos dos reinos do desejo, da forma e da não forma; aos nascidos no reino da forma, vindos dos reinos do desejo, da forma e da não forma; e aos nascidos no reino da não forma, vindos dos reinos do desejo, da forma e da não forma.

17. O mestre budista indiano Chandrakirti foi o principal filho espiritual de Nagarjuna, cujos trabalhos sobre os sutras e tantras elucidou e propagou. Viveu na universidade monástica de Nalanda durante o século VII e foi um realizado praticante. Seu *Supplement to the Middle Way* (*Madhyamakāvatāra, dBu ma la 'jug pa,* P5261, P5262, vol. 98) é um comentário sobre o significado do *Treatise on the Middle Way* [Tratado sobre o caminho do meio], de Nagarjuna, ao qual suplementa com relação ao aspecto extensivo da prática, lidando com os dez estágios dos Bodhisattvas.

◆

AS SEIS PERFEIÇÕES

18. *Bodhisattvayogacaryācatuḥśatakaṭīrā, Byang chub sems dpa'i rnal 'byor spyod pa bzhi brgya pa'i rgya cher 'grel pa*, P5266, vol. 98.

19. O garuda (*bya khyung*) é um pássaro místico semelhante à águia e extremamente poderoso – o lendário inimigo de serpentes e criaturas serpentiformes chamadas nagas.

20. Os três tipos de esforço entusiástico são esforço entusiástico como armadura: *go cha'i brtson 'grus*; esforço entusiástico na criação de virtude: *dge ba'i chos sdud kyi brtson 'grus*; esforço entusiástico no trabalho para os outros: *sems can don byed kyi brtson 'grus*.

21. *Three Principal Aspects of the Path* (*Lam gyi gtso bo rnam gsum*, P6087, vol. 153) é uma oração curta delineando os pontos essenciais associados às três atitudes e *insights* principais, que formam a base para a prática dos sutras e dos tantras: o desejo de ganhar liberdade da existência cíclica, a intenção altruística de atingir a iluminação para o bem de todos os seres vivos e a correta compreensão da realidade. Tradução inglesa: Geshe Lhundup Sopa e Jeffrey Hopkins, *Cutting through Appearances: Practice and Theory of Tibetan Buddhism* [Atravessando para além das aparências: teoria e prática do budismo tibetano] (Ithaca: Snow Lion Publications, 1989).

22. As cinco ações extremamente graves (*mtshams med lnga*), que levam diretamente a um mau renascimento, sem nenhuma vida intermediária (*mtshams med pa*), são: matar a própria mãe, pai, ou um Destruidor de Inimigos; causar ruptura na comunidade espiritual; e tirar sangue do corpo de um Buda com a intenção de causar o mal. As cinco ações quase tão graves (*nye ba'i mtshams med lnga*), que também levam diretamente a um mau renascimento, são: incesto com a própria mãe, se ela for uma

Destruidora de Inimigos; o assassinato de um Bodhisattva; assassinar um ser sublime do Veículo Menor; roubar o que pertence à comunidade espiritual; destruir por ódio um monastério ou monumento de relíquias.

23. O sutra *Encouraging the Special Wish* (*Adhyāśayasamcodanasūtra, lHag pa'i bsam pa bskul pa'i mdo*) compõe o capítulo 25 do *Heap of Jewels Sutra* [Sutra da pilha de joias] (*Mahāratnakūtadharmaparyāyaśatasāhasrikagranthasutra, dKon mchog brtsegs pa chen po'i chos kyi rnam grangs le'u stong phrag brgya pa'i mdo*, P760, vols. 22-24).

24. Drukpa Kunlek (*'Brug pa kun legs*, 1455-1529) era um mestre Kagyu (*bKa' brgyud*) itinerante, cujas observações cortantes e diretas e comportamento excêntrico arrancavam, com um choque, os outros de sua complacência e os levavam a praticar com maior sinceridade. As lendas de suas proezas são amadas ainda hoje.

25. Essa imagem do Buda (referida como *rJo bo* ou "O Senhor") era considerada a imagem mais preciosa do Tibete inteiro. Diz-se que foi feita durante a vida do Buda. Foi levada da Índia para a China e, mais tarde, trazida ao Tibete pela esposa chinesa do rei Srongtsen Gampo (*Srong brtsan sgam po*), na metade do século VII. Em todo o Tibete, tanto ordenados quanto leigos aspiravam a fazer uma peregrinação para contemplar essa imagem. Fazê-lo era considerado tão benéfico quanto ver o próprio Buda e receber suas bênçãos.

26. As quatro concentrações (*bsam gtan*) ou absorções (*snyoms 'jug*) do reino da forma são diferenciadas à base dos sentimentos que as acompanham; um desenvolvimento progressivo em direção a um sentimento neutro acontece. Há dezessete moradias (*gnas*) do reino da forma, divididas entre as quatro

concentrações. As quatro absorções do reino da não forma são chamadas espaço ilimitado (*nam mkha' mtha' yas*), consciência ilimitada (*rnam shes mtha' yas*), o nada (*ci yang med*) e o pico da existência cíclica (*srid rtse*). Elas são diferenciadas à base da discriminação que as acompanha, a qual se torna cada vez menos grosseira.

 27. Muitos estados de estabilização meditativa (*ting nge 'dzin*) são mencionados nos sutras. A "estabilização meditativa da continuidade dos ensinamentos" (*chos rgyun gyi ting nge 'dzin*), que nos permite lembrar constantemente as palavras e o significado das escrituras sem os esquecer, é atingida na terceira e mais elevada fase do caminho Mahayana de acumulação e depende da realização de verdadeira concentração (*bsam gtan*). Quatro tipos de estabilização meditativa são associados com os quatro selos, que são os postulados básicos do budismo: que tudo o que é produzido é impermanente; que todas as coisas contaminadas são aflitivas; que tudo o que existe é vazio e destituído de eu; e que o nirvana é a paz. A "estabilização meditativa sem desejos" (*smon pa med pa'i ting nge 'dzin*), que focaliza tudo o que é produzido como impermanente e todas as coisas contaminadas como aflitivas, combate a aspiração de atingir qualquer coisa associada aos três reinos da existência cíclica. A "estabilização meditativa da vacuidade" (*stong nyid kyi ting nge 'dzin*) combate muitas diferentes concepções errôneas relativas à natureza das coisas. A "estabilização meditativa sem sinais" (*tshad ma med pa'i ting nge 'dzin*) focaliza o nirvana, o estado em que todos os sinais do sofrimento e de suas causas são pacificados. Por meio da compreensão direta da natureza semelhante à ilusão de todas as coisas dependentemente originadas, a "estabilização meditativa semelhante à ilusão" (*sgyu ma lta bu'i ting nge 'dzin*) livra-nos das obstruções à criação de manifestações.

NOTAS

A estabilização meditativa é essencial à prática efetiva do estágio de geração no tantra, durante o qual a ênfase é colocada na obtenção de uma visualização clara da residência e das divindades residentes da mandala. Também é essencial à prática do estágio de conclusão, no qual a concentração é focalizada nos canais de energia, nos ventos de energia e nos constituintes.

28. As cinco faltas (*nyes pa lnga*) ou obstáculos à realização de uma mente de permanência serena são: 1) a preguiça (*le lo*); 2) o esquecimento (brjed pa), também referido como "esquecer as instruções" (*gdams ngag brjed pa*); 3) o afrouxamento (*bying ba*) ou excitação (*rgod pa*); 4) a não aplicação dos antídotos (*mngon par 'du mi byed pa*) quando necessário; e 5) sua aplicação (*mngon par 'du byed pa*) desnecessária.

Os oito antídotos (*gnyen po brgyad*) são: 1) a apreciação dos benefícios derivados da estabilização meditativa (*ting nge 'dzin gyi yon tan mthong ba'i dad pa*); 2) a aspiração para atingir a estabilização meditativa (*ting nge 'dzin don gnyer gyi 'dun pa*); 3) o esforço entusiástico para atingir a estabilização meditativa (*ting nge 'dzin rtsol ba'i brtson 'grus*); e 4) a maleabilidade (*shin sbyangs*). Esses quatro combatem a preguiça. Ao esquecimento contrapõe-se a 5) atenção plena (*dran pa*); o afrouxamento e a excitação são identificados pela 6) vigilância mental (*shes bzhin*); não lidarmos com eles é remediado pela 7) aplicação dos antídotos apropriados (*mngon par 'du byed pa*); e o excesso de zelo é contrabalançado pela 8) não aplicação dos antídotos (*mngon par 'du mi byed pa*).

29. Esses centros de energia fazem parte do corpo sutil, consistindo em ventos de energia, canais de energia e de seus constituintes, nos quais as práticas tântricas se concentram, particularmente as associadas ao estágio de conclusão. As sílabas-semente representam certas forças ou, no caso de *om, ah, hung*,

designam o corpo, fala e mente iluminados. Também podem ser a semente a partir da qual visualizamos surgir uma divindade.

30. Os objetos focais difusos (*khyab pa'i dmigs pa*) incluem imagens não analíticas (*rnam par mi rtog pa'i gzugs brnyan*) e imagens analíticas (*rnam par rtog pa dang bcas pa'i gzugs brnyan*). Essas duas são postuladas sob o ponto de vista da consciência subjetiva que observa o objeto focal. A primeira refere-se à maneira como a consciência observa seu objeto durante a prática da permanência serena, e a segunda, como a consciência se engaja com seu objeto durante o cultivo do *insight* especial.

O terceiro grupo, os limites dos fenômenos (*dngos po'i mtha'*), inclui o limite dos fenômenos em sua diversidade (*ji snyed pa'i dngos po'i mtha'*) e o limite dos fenômenos como eles são (*ji lta ba'i dngos po'i mtha'*), referindo-se à sua natureza final. Eles são chamados assim porque todos os fenômenos estão contidos dentro desses limites e não há nenhum além. Do ponto de vista da ampla diversidade dos fenômenos, tudo o que é produzido pode ser incluído dentro dos cinco agregados, todos os fenômenos, dentro dos dezoito constituintes e doze fontes, e tudo o que pode ser conhecido, dentro das quatro nobres verdades. Todos esses objetos focais têm a mesma natureza final, a qual pode ser estabelecida pelo raciocínio, e nenhum é uma exceção a isso.

O quarto grupo, a realização completa do propósito (*dgos pa yongs su grub pa*), é postulado sob o ponto de vista do efeito. Mediante a colocação de nossa atenção na imagem de qualquer objeto, como forma de meditação de permanência serena ou *insight* especial, mediante meditação contínua no mesmo objeto, mediante familiaridade e mediante o poder de fazê-lo muitas vezes, tornamo-nos livres de todos os obstáculos que impedem o uso completo de corpo e mente. Essa explanação é baseada na seção que lida com os objetos focais da *Great Exposition of the Stages of the Path*, de Je Tsongkhapa.

31. Asanga (*Thogs med*), mestre budista indiano que viveu no século IV, foi um pioneiro no estabelecimento do sistema Chittamatra (*sems tsam*) de postulados filosóficos, embora se diga que ele mesmo tenha mantido a visão Prasangika-Madhyamika (*dbu ma thal 'gyur pa*). Seu *Compendium of Knowledge* (*Abhidharmasamuccaya, mNgon pa kun btus*, P5550, vol. 112) especifica os objetos focais dos caminhos: os agregados, constituintes e elementos, as quatro nobres verdades e os doze elos do surgimento dependente. Uma explanação extensiva sobre a mente e as atividades mentais está incluída. O texto contém instruções sobre como praticar controlando os sentidos e treinando em disciplina ética, concentração e sabedoria, assim como uma explanação sobre os trinta e sete fatores concordantes com a iluminação. Ele conclui explicando os resultados dessas práticas, por meio das quais todas as faltas são eliminadas e a mais alta sabedoria é atingida. Esses tópicos são apresentados principalmente sob o ponto de vista Chittamatrin.

32. O mestre indiano Kamalashila, discípulo de Shantarakshita, participou de um debate decisivo com um monge chinês identificado como Hvashang Mahayana. Esse debate deu-se no Tibete em 792, no Monastério de Samye (*bSam yas*), e, de acordo com fontes tibetanas, o resultado estabeleceu definitivamente que o budismo no Tibete seguiria o modelo indiano, e não o chinês. O *Stages of Meditation* (*Bhāvanākrama, sGom pa'i rim pa*, P5310-12, vol. 102), de Kamalashila, expõe seus pontos de vista. Tem três partes: a primeira explica principalmente como a ausência do eu é estabelecida por meio do ouvir e do pensar; a segunda parte descreve como meditar sobre a ausência do eu; e a terceira delineia os resultados de fazê-lo. Cada uma das partes sustém-se como um trabalho completo em si.

33. A passagem precedente menciona as seis lembranças (*rjes su dran pa drug*): lembrar-se dos seres iluminados (*sang*

rgyas rjes su dran pa), de seus ensinamentos (*chos rjes su dran pa*) e da comunidade espiritual (*dge 'dun rjes su dran pa*), lembrar-se da generosidade (*sbyin pa rjes su dran pa*), da disciplina ética (*tshul khrims rjes su dran pa*) e dos deuses (*lha rjes su dran pa*). Esta última pode ser entendida como referindo-se às excelentes qualidades dos seres celestiais dos reinos do desejo e da forma, ou ao fato de ser o Buda o deus dos deuses, já que, dizem, todos os deuses mundanos prestam-lhe reverência.

34. Cada uma das concentrações dos reinos da forma e da não forma tem sete preparações (*nyer bsdogs*). A primeira preparação para a primeira concentração do reino da forma é realizada quando a permanência serena é atingida e sua natureza é de permanência serena. As outras seis são da natureza do *insight* especial. Quando a primeira preparação é atingida, o meditador pode embarcar em caminhos mundanos, que não levam para além da existência cíclica, mas através dos quais as emoções perturbadoras manifestas podem ser suprimidas. Esses caminhos envolvem a contemplação de estados inferiores dentro da existência cíclica como grosseiros e indesejáveis, e de estados superiores como sutis e, portanto, desejáveis.

A primeira preparação pode também agir como base para caminhos não contaminados. Essa é a direção tomada pela maioria dos praticantes budistas, já que, do ponto de vista budista, leva ao desenvolvimento de caminhos espirituais genuínos, ou seja, aqueles associados ao desejo de liberdade da existência cíclica, e à própria liberação. O sofrimento verdadeiro e as fontes verdadeiras do sofrimento são vistos como desvantajosos e grosseiros, enquanto as cessações verdadeiras e os caminhos verdadeiros são considerados vantajosos e pacíficos. Como resultado, somos, com o tempo, capazes de nos livrar completamente das emoções perturbadoras e de suas sementes.

35. *Prajñāśatakanāmaprakaraṇa*, Shes rab brgya ba, P5820, vol. 144.

36. A roda dos ensinamentos (*chos kyi 'khor lo*) consiste nos ensinamentos das escrituras e sua manifestação na forma de *insights*. A imagem da roda rolando de um lugar a outro significa o processo pelo qual os ensinamentos são passados numa tradição viva. Os ensinamentos são dados, e os que os recebem praticam-nos, ganham *insights* e então, por sua vez, ensinam de sua própria experiência. Os raios afiados projetando-se além do aro da roda transformam-na em uma arma que destrói a ignorância, as emoções perturbadoras e tudo o que é hostil à prática efetiva dos ensinamentos. O eixo, o aro e os raios da roda representam, respectivamente, o treinamento em disciplina ética, o treinamento em concentração e o treinamento em sabedoria.

Quando se requisitam os ensinamentos, é costume oferecer uma mandala consistindo em nove pequenos montes. Um monte é colocado no centro da base, e os outros oito montes nas direções cardeais e nas intermediárias. Normalmente, os diferentes montes colocados na base da mandala representam todas as coisas preciosas do universo, mas aqui os montes representam uma roda com um eixo e oito raios. Nós a imaginamos como sendo a roda de ouro de mil raios, oferecida por Brahma.

37. *Madhyamakaśāstra, dBu ma'i bstan bcos*, P5224, vol. 95. Para uma tradução inglesa desse texto, ver Jay L. Garfield, trad., *The Fundamental Wisdom of the Middle Way: Nagarjuna's Mūlamadhyamaka-Kārikā* [A sabedoria fundamental do caminho do meio: o Mulamadhyamaka-Karikā de Nagarjuna] (Nova York: Oxford University Press, 1995).

38. *rTen 'brel bstod pa*, P6016, vol. 153. Tradução inglesa em Robert Thurman, ed., *The Life and Teachings of Tsong Khapa* [A

vida e ensinamentos de Tsong Khapa] (Dharamsala: Library of Tibetan Works and Archives, 1982).

39. A coleção transitória (*'jig tshogs*) refere-se a corpo e mente, que sofrem constante mudança e aos quais o eu validamente existente é atribuído. Esse eu não é percebido como realmente é, mas distorcido pela visão falsa.

40. Os quatro pontos são: determinar o objeto da refutação (*dgag bya nges pa'i gnad*), determinar a ubiquidade (*khyab pa nges pa'i gnad*) de que há apenas dois modos em que o que se está procurando poderia existir e de que não há outras possibilidades, determinar a ausência de unidade verdadeiramente existente (*bden pa'i gcig bral du nges pa'i gnad*) e determinar a ausência de separação ou pluralidade verdadeiramente existente (*bden pa'i du bral du nges pa'i gnad*).

41. Aqueles que fizeram um compromisso formal de tomar refúgio nas Três Joias enquanto viverem observam certos preceitos. Os preceitos individuais concernem ao que deve e ao que não deve ser feito com relação a cada uma das Três Joias. Os preceitos em relação ao Buda são que a pessoa não deve considerar nenhum outro refúgio ou fonte de proteção mais alta que ele e deve respeitar todas as imagens do Buda e dos seres iluminados, sejam elas bem elaboradas, feitas com material precioso, ou não.

Os preceitos com relação aos ensinamentos são: não ferir, tanto quanto possível, outros seres vivos e respeitar todos os textos que contêm instruções sobre quais comportamentos e atitudes adotar e o que descartar, já que eles têm como intenção nosso bem-estar e o dos outros.

Os preceitos em relação à comunidade espiritual são: não permitir que nossa atividade física, verbal ou mental seja influenciada por aqueles que desprezam ou se opõem ao ensinamento do Buda, e respeitar todos os membros da comunidade espiritual, não importa que forma de budismo pratiquem, considerando-os companheiros espirituais, oferecendo-lhes ajuda material e cultivando uma relação com eles baseada nos ensinamentos.

Os preceitos gerais são: tomar refúgio repetidamente, lembrando as qualidades especiais e as características diferenciadas das Três Joias; oferecer a primeira e a melhor parte da comida e bebida, e fazer outras oferendas, lembrando a bondade das Três Joias; encorajar outros, que demonstrem interesse, a tomar refúgio; confiar-se às Três Joias em quaisquer atividades que se empreendam; não abandonar as Três Joias, nem de brincadeira, ou mesmo que custe nossa vida; tomar refúgio três vezes durante o dia e três vezes durante a noite, lembrando os benefícios, pois ao fazermos isso: 1) tornamo-nos budistas e 2) tornamo-nos uma base adequada para todos os votos; 3) as obstruções cármicas anteriormente acumuladas chegam ao fim; 4) extensas reservas de energia positiva são facilmente acumuladas; 5) o mal advindo de humanos e não humanos não pode nos afetar; 6) não assumiremos maus renascimentos; 7) realizaremos todos os nossos desejos; e 8) nós nos tornaremos iluminados rapidamente.

42. A prática das sete partes consiste em prestar homenagem física, verbal e mental aos seres iluminados, seus ensinamentos e a todos os que possuem qualidades nobres, fazendo-lhes oferendas, admitindo nossas ações errôneas, alegrando-nos na virtude e boas ações nossas e dos outros, requisitando ensinamentos aos seres iluminados, a fim de remover a escuridão da ignorância, requisitando-os a permanecer no mundo para guiar e inspirar os seres vivos, e dedicando a energia positiva criada por meio dessas e outras ações para que se tornem uma causa da nossa rápida obtenção da mais elevada iluminação, para o bem de todos.

AS SEIS PERFEIÇÕES

43. Uma posição dessas é a de Vairochana, que tem sete características. 1) As pernas são colocadas na posição de vajra, que cria um precedente auspicioso para obter a posição de vajra dos canais de energia, dos ventos de energia, e constituintes, durante o estágio de conclusão na prática dos tantras. Embora inicialmente não seja fácil segurar essa posição, ela pode ser mantida por longos períodos, quando nos acostumamos. Manter a parte inferior do corpo encaixada desse jeito previne doenças causadas pelo frio, mas a parte superior do corpo deveria estar tão relaxada quanto possível, para evitar distúrbios nos ventos de energia. 2) As mãos estão na posição de equilíbrio meditativo, quatro dedos abaixo do umbigo, com as costas da mão esquerda descansando sobre a palma direita. Os polegares tocam-se, criando assim um triângulo. Essa posição das mãos simboliza a ativação do calor psíquico centrado no umbigo. 3) Os cotovelos são mantidos separados do corpo para permitir um fluxo de ar sob os braços, o que impede o afrouxamento e a letargia na meditação. 4) A espinha é mantida ereta para trazer os canais de energia à melhor posição para o movimento livre dos ventos de energia. 5) O queixo é ligeiramente encaixado para trás, para inibir os ventos de energia que se movem para cima, os quais causam agitação, quando não controlados. 6) A boca nem está aberta nem firmemente fechada, mas relaxada, com a ponta da língua tocando o palato superior atrás dos dentes frontais. Isso previne a sede e o babar durante longos períodos de absorção meditativa. 7) Os olhos não estão nem muito abertos, o que encoraja a distração, nem firmemente fechados, o que pode levar à sonolência; estão focados frouxamente, em alinhamento com a ponta do nariz.

44. O *Ocean of Reasoning, Explanation of "Treatise on the Middle Way"* [Oceano de raciocínios, explanação sobre o "Tra-

tado do caminho do meio"] (*dBu ma rtsa ba'i tshig le'ur byas pa shes rab ces bya ba'i rnam bshad rigs pa'i rgya mtsho*, P6153, vol. 156) é também conhecido como o *Great Commentary on the Fundamental Wisdom* [Grande comentário sobre a sabedoria fundamental] (*rTsa she tik chen*).

45. Jangkya Rolpay Dorjay (*lCang skya rol pa'i rdo rje Ye shes bstan pa'i sgron me*, 1717-1786) é mais bem conhecido hoje por sua *Presentation of Tennets* [Apresentação de postulados] (*Grub mtha'i rnam bzhag*). *Recognizing the Mother* [Reconhecendo a mãe] (*A ma ngos 'dzin*) também é chamado *Song of Experience of the View* [Canção da experiência da visão] (*lTa ba'i nyams mgur*). Ele conferiu ensinamentos e iniciações ao imperador da China, que o homenageou com um título especial.

46. Uma válida cognição que investiga as convencionalidades (*tha snad dpyod byed kyi tshad ma*) estabelece a existência de fenômenos, e não a natureza fundamental das coisas. Uma cognição válida, que é uma consciência racional investigando o nível último da verdade (*don dam dpyod byed kyi rigs shes*), estabelece o modo fundamental em que as coisas existem.

47. *mnyam gzhag nam mkha' lta bu'i stong nyid*.

48. Refere-se a isso como a subsequente vacuidade semelhante à ilusão (*rjes thob sgyu ma lta bu'i stong nyid*).

49. O apego ao que é desejado (*'dod pa nyer bar len pa*); o apego a pontos de vista (*lta ba nyer bar len pa*), que inclui pontos de vista extremos (*mthar lta*), pontos de vista errôneos (*log lta*) e manter como supremos pontos de vista falsos (*lta ba mchog 'dzin*); o apego a ética e disciplina (*tshul khrims dang brtul zhugs nyer bar len pa*); e o apego a asserções de um eu (*bdag tu smra ba nyer bar len pa*).

AS SEIS PERFEIÇÕES

50. O processo de doze partes do surgimento dependente (*rten 'brel yan lag bcu gnyis*) é normalmente apresentado na seguinte ordem: ignorância (*ma rigs pa*), ação formativa ('*du byed*), consciência (*rnam par shes pa*), nome e forma (*ming gzugs*), as fontes (*skyed mched*), contato (*reg pa*), sensação (*tshor ba*), anseio (*sred pa*), apego (*len pa*), existência (*srid pa*), nascimento (*skye ba*), envelhecimento e morte (*rga shi*).

51. As dezesseis práticas consistem em treze proibições: coibição das dez ações nocivas, assim como de beber álcool, de adotar uma fonte de renda corrupta e de exercer a violência. Além disso, deveríamos dar com respeito aos necessitados, presentear os merecedores de oferendas e ser amorosos.

52. Para todas as escolas de postulados filosóficos budistas, exceto a Prasangika-Madhyamika, a ausência de um eu que é uma entidade única, unitária e independente (*rtag gcig rang dbang can gyi bdag gis stong pa*) constitui a ausência grosseira do eu da pessoa, e a ausência de um eu que é uma entidade autossuficiente substancialmente existente (*rang rkya thub pa'i rdzas su yod pa'i bdag gis stong pa*) é a ausência sutil do eu da pessoa. De acordo com o sistema Prasangika, esta última constitui a ausência grosseira do eu da pessoa, enquanto a ausência sutil é a ausência de existência inerente do eu (*rang bzhin gyis grub pas stong pa*). Nenhuma escola de pensamento budista aceita a existência de um eu que é uma entidade única, unitária e independente. A ideia do eu como uma entidade autossuficiente substancialmente existente pressupõe uma relação entre o eu e o corpo e mente similar à de um rei e sua corte. O eu é visto como o controlador dos agregados, à maneira de um rei, que é distinto de sua corte e encarregado dela.

53. *Bhagavatīprajñāpāramitāhṛdayasūtra*, bCom ldan 'das ma shes rab kyi pha rol tu phyin pa'i snying po'i mdo, P160, vol. 6.

◆

NOTAS

Tradução inglesa em: Geshe Rabten, *Echoes of Voidness* [Ecos do Vazio], editado e traduzido por Stephen Batchelor (Londres: Wisdom, 1983).

54. A palavra tibetana para néctar, *bdud rtsi*, literalmente significa "remédio contra demônios". rTsi também é usado para denotar elixir. Como um elixir alquímico, o ensinamento precioso do Buda, particularmente aquele sobre a natureza da realidade, tem o poder de purificar as obstruções demoníacas e de transformar o metal não precioso de nossa condição presente no ouro da liberação e da iluminação.

55. As cinco características definidoras são: não pode ser conhecida por outra (*gzhan las shes pa min*), é a pacificação (*zhi ba*), é não elaborada (*ma spros pa*), é sem conceitualidade (*rnam rtog med pa*) e é indiferenciada (*tha dad med pa*).

56. Seres sublimes que percebem diretamente a realidade não vivenciam diferença entre a consciência subjetiva que apreende a vacuidade e a vacuidade que é apreendida. A analogia usada para descrever a experiência é a da água despejada na água. As pessoas comuns apreendem a vacuidade por via de uma imagem mental, e a consciência que apreende e o que é apreendido são vivenciados como diferentes. Aqui a dualidade (*gnyis snang*) pode ser interpretada como referindo-se a isso.

57. *Illumination of the Thought, Extensive Explanation of (Chandrakirti's) "Supplement to the Middle Way"* [A iluminação do pensamento, explanação extensiva do "Suplemento do caminho do meio", de Chandrakirti] (*dBu ma la 'jug pa'i rgya cher bshad pa dgongs pa rab gsal*, P6143, vol. 154).

58. Os versos do *Treatise on the Middle Way*, de Nagarjuna, são extremamente concisos e ficam abertos a várias interpreta-

ções. Aqui, o interior pode ser interpretado como referindo-se ao eu convencionalmente existente, e o exterior, tanto aos agregados, base de imputação para o eu, quanto aos fenômenos externos não associados à corrente mental de um ser vivo.

59. Isso também pode ser interpretado como significando que a realidade, como vivenciada pelos seres sublimes em equilíbrio meditativo, não pode ser expressa pela linguagem, já que não está dentro da esfera de atividade da mente, porquanto o pensamento conceitual não pode apreender a vacuidade do modo como a percepção direta o faz. Outra explicação é que a vacuidade, como percebida pelos seres sublimes em equilíbrio meditativo, está além de definições, de ser isso ou aquilo, pela linguagem e pela atividade mental.

60. Tsongkhapa explica essa estrofe em termos de uma progressão gradual em direção à compreensão da realidade. O último verso, *yang dag min min yang dag min*, é extremamente opaco. Pode ser interpretado como significando que as coisas, que são irreais no sentido de mudarem a cada momento, não são inerentemente existentes e no entanto não são não existentes, pois sofrem mudanças a cada momento. Outras interpretações explicam que as coisas são nominalmente reais, em última instância irreais e, para a mente de um ser sublime em equilíbrio meditativo, nem reais nem irreais.

◆